長生きにこだわらない

最後の日まで
幸福に生きたい
あなたへ

東京大学名誉教授
矢作直樹

文響社

はじめに——変わっていく自分を楽しむ

◆「今こそすべて」

今年（二〇一八年）三月下旬、四〇年ぶりに南アルプスに行きました。かつてのような頑張る〝登山〟でなく、無理しない〝散歩〟として。

計九日間の単独スケジュールでしたが、無事に帰宅できました。

何よりもバランス感覚に変化がなかった事実に驚きました。きわどいコースも難なく歩を進めました。

今の私は現役時の半分くらいの筋力だと思います。最大心拍数の約八割を維持できる時間もピーク時の二〇分の一くらいにまで落ちているでしょう。

それでも体はスムーズに動いてくれました。

若い頃、登山に明け暮れていたので、その経験値がまだ生きているということでしょうか。

ありがたいことです。我が身に感謝しました。

ただ、スピード感はありませんでした。

総合的な体力はかなり落ちていました。でもその事実を、実は登る前から自分にしっかりと言い聞かせていたので、違和感なく受け入れられました。

「今を楽しもう」

過去の懐かしい思い出ではなく、常に今を楽しむ。体力が落ちようと、スピード感が失せようと、今がベスト、だからベストを楽しむ。ないものねだりせず、あるものを楽しむ。自分に与えられたポジションで楽しむ。

この「中今《なかいま》」精神、つまり「今こそすべて、今を楽しむ」精神があれば、些細《ささい》なことが気にならなくなります。

◆「できなくなる自分」を受け入れる

人は加齢に伴って体力が落ちてきて、それまで普通にやれた多くのことが次第にできなくなります。体は有限ですから、しかたありません。

平地で暮らしていても、歩行に困難が出るとか、ふと呼吸が苦しくなるとか、立ったり座ったりがしんどいとか、加齢に伴っていくつもの支障が出ます。老化ですから、付き合うしかありません。

自分の最近を振り返っても、どうしてこんな簡単なことがスムーズにできないのかなと思ったりします。以前は無意識にできていたような作業で、ちょっと突っかかるような場面も増えました。

今後、さらにこういうことが増えますが、そんな「できなくなる自分」を、私はこれから受け入れたいと思っています。

どんなに元気でも、すべての人が加齢とともに、どんどん「できなくなって」いくわけです。一人の例外もありません。

自分だけは数十年前と同じように、何でもスムーズにこなし、体のどこにもさびつきがなく、疾患《しっかん》の一つも発生せず、いつまでも十代、二十代の若さを保っていられると思うほうが、さすがに無理があります。

それに若い頃のように体力があって無理が利くと、いけると思って踏み込むことで、大きな危険に遭遇する可能性が高まります。

逆に体力が落ちると無理をしようと思わなくなるので、危険に遭遇する可能性が低くなります。転ぶことは相対的に増えるかもしれませんが、これも用心すれば減らせます。

山の散歩だろうと普段の生活だろうと、徐々に衰えるという前提で行動する。無理をせず、今のコンディションで工夫する。**過去と比べず、現在を楽しむ。**

まさに自分を大事にする練習であり、不安を感じる必要はありません。

この練習ができれば、人生はさほど怖くありません。では具体的に、どうすればいいのか。どこに留意すればいいのか？

本書では、心と体の最適なあり方について、さまざまな角度から探ってみたいと思います。これまで著書では触れなかった私個人のトレーニング法、食事メニューなどについても、僭越《せんえつ》ながら写真つきで掲載させていただきます。

最後まで、ゆっくりとお付き合いください。

二〇一八年九月

矢作直樹

長生きにこだわらない

―最後の日まで幸福に生きたいあなたへ―

目次

第一章
人生に定年はない。本当の定年は命日。

第二章
自分の暮らしに手を抜かない。

第三章
機械任せ、他人任せではなく自分の体で生きる。

第四章
病は闘うものではなく、暮らしを変えるきっかけ。

第五章 安心してひとりで死ぬための努力と準備を始める。

謝辞

この本を出版するにあたり、せちひろし事務所の瀬知洋司さん、友人の赤尾由美さんに大変お世話になりました。

ここに深謝いたします。

食のバランスを見直そう

私の普段の食事を紹介します

私自身は、まず白米ではなく玄米を食べます。野菜、果物、発酵食品もバランス良くとるようにしています。大豆製品、卵、パンも、ほどほどに食べます。肉類は食べません。お酒も飲みません。とくに糖質制限などもしません。なるべく旬のもので、加工されたものではなく自然の食材を楽しみます。

※詳細は73ページです

朝食

アーモンド7〜8粒、カシューナッツ数個、くるみ5かけら、ピーナッツ7〜8粒、ゆで卵1個、ジュース（りんご1個、バナナ1本、人参1／2本、小松菜1把《わ》、ピーマン1／2個、キャベツ葉1枚、レタス葉1枚、生姜1／2かけ、オリーブ油大さじ1杯、アマニ油大さじ1／2杯、黒酢盃1杯、マコモ5グラム、ごまきなこ大さじ2杯）、酵素玄米適量

ある日の朝食

昼食

アーモンド7〜8粒、カシューナッツ数個、くるみ5かけら、ピーナッツ7〜8粒、ゆで卵1個、キャベツ1／6玉、レタス1／6玉、きゅうり1本、アボカド1個、酵素玄米1膳

夕食

キャベツ1／6玉、レタス1／6玉、きゅうり1本、豆腐、納豆、酵素玄米1膳（ぬるい味噌汁に納豆を入れることも）

ある日の昼食

※日によって変わるので一例です

毎日少しずつ動こう

私の普段の体操を紹介します

運動というと、ジムに行ってハードなトレーニングをしなければならないのでは、というイメージを持つ方もいらっしゃるかもしれません。ですが私がおすすめするのは、毎日家にいながらすき間時間でできる、簡単な運動です。息切れするほどの激しい運動をたまに頑張るよりも、毎日少しずつ、無理のない範囲で体を動かす習慣を作るほうが大切です。

※詳細は115、117～119ページです

全身の血流を促進！
適度なスクワット

1 足を肩幅に広げて立ち、背中をまっすぐ立てる。

2 そのままゆっくり上体を下げる（膝を曲げる）。その際、足の親指に重心を置き、お尻の下の筋肉を意識する。

- 膝が直角（90度）になるくらいまで曲げ、上体を上げるときに少し前傾になると、腰が入った状態になります。
- 1セット10～最大30回くらいで良いと思います。

首回りの筋肉と肩甲骨の凝りをほぐす肩回し体操

1 両腕を水平に上げる。

2 上げたその両腕をグルグルと、内側に回し、次に外側に回す。10回ずつくらいが目安。

- 単に腕を回すのではなく、首と肩・背中を結ぶ筋肉、つまり僧帽筋を使って回すように注意してください。腕が水平より上がるときに僧帽筋を収縮させ肩を引き上げいっしょに腕を回すような感じです。
- 慣れていない方は多少痛む可能性があります。激しく痛むようなら中止してください。

腰痛改善のための
キャット&ドッグ

1 四つん這いになり、両手は肩幅に広げる。

2 床を押し上げるように手に力を入れ、背中と腰をぐっと丸める（キャット）。

3 顔を上げて背中をぐっとそらし、お尻（骨盤）を突き出す（ドッグ）。キャットとドッグ、どちらのポーズも肘を曲げないようにして、1秒ずつ繰り返す。

● 私は朝、起きたらまず、このポーズをとります。体が温まり、睡眠中に固まった骨や筋肉に柔軟性が戻ります。腰痛持ちの方も改善が見込めます。

眼筋ほぐし体操で目を動かそう

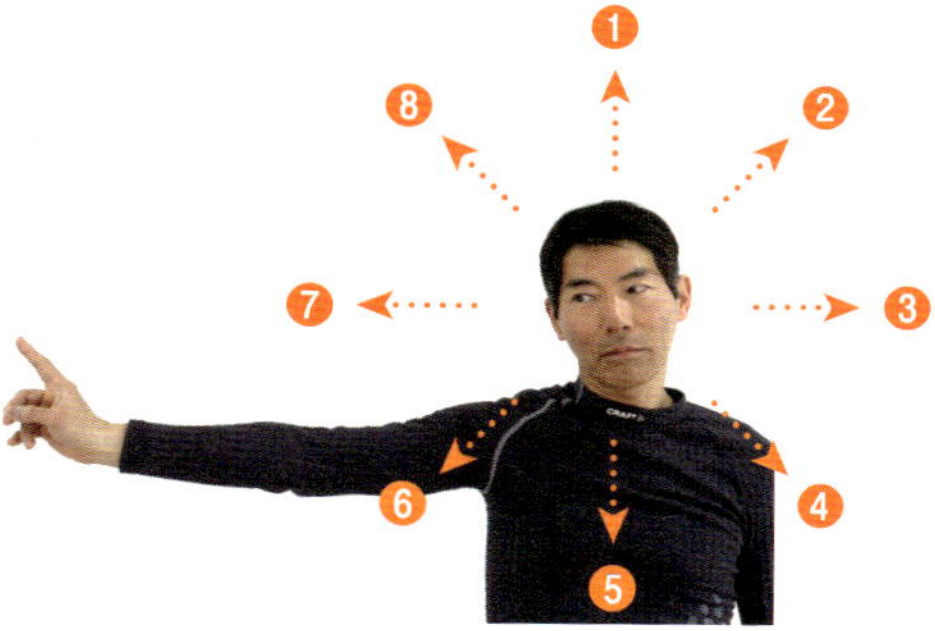

目を中心として、時計回りに、❶上、❷右斜め上、❸右、❹右斜め下、❺下、❻左斜め下、❼左、❽左斜め上、合計八つのポジション（方向）を使います。

1 人差し指を一本、目の前に立ててゆっくり一呼吸してください。次に、指を自分の正面から腕一杯の距離まで離し、指先のはるか向う（無限遠）を見ながら一呼吸します。そして再び戻し一呼吸します。指先だけを見つめること。

2 次に先ほどの八つのポジションで同じように行ないます。最初は目の前に指を置き、そのポジション一杯まで指（腕）を離し、再び目の前に戻します。

- 指の動きを追うときは、頭を動かさず、目だけを動かします。指のもっと先を見るようにすると眼筋は一層ほぐれるでしょう。

第一章

人生に定年はない。本当の定年は命日。

私たちの本当の定年は「命日」である

私の年齢の前後になると、定年という節目に直面する人が増えます。今は、四十代でリタイヤして、次の人生を考える人も増えているそうです。それでも、六十歳前後で定年退職する方が、まだ圧倒的に多いのではないでしょうか（雇用延長もありますが期限つき）。

しかし、会社の一員としては定年しても、心や体に定年はありません。

心や体が定年するのは、この世をおさらばするとき。

私たちにとっての本当の定年は、命日です。

つまりこの世を去る日まで、定年は一生涯ありません。

定年退職して居場所がないと嘆《なげ》く中高年が大勢いるそうですが、そもそも人生に定年はないのだし、体力が落ちることが人生の定年でもありません。

どこかに所属している間は、そこで頑張ればいい。組織への良い意味での忠誠心（ロイヤリティ）は、頑張るエネルギーになります。

でも、いつかそのコミュニティを出ないといけません。定年はその象徴ですが、そこで「切り替え」ができるかどうかが、その後の人生を左右します。

せっかく自由な身になったのに、肩書きや地位に固執する人も多いですが、残念ながら、これは切り替えができていない人。身も心もいまだに呪縛されている証拠で、会社での生活がすべてだと思っているような人に多いのかもしれません。

確かに会社をリタイヤしてからの人生が昔より長くなっていますが、いくつで辞めるか、どの時点で抜けるかは、自分で決めればいい話。定年まで勤めなければいけない、という決まりもないわけです。二十代でも何か考えるところがあるならリタイヤし、次の人生を考えればいいわけですから。

会社の辞めどきは、自分で決める。
人生の定年は、寿命が決める。

役割を自分で考えるステージに立つ

誰にでも、社会での役割というのがあります。
役割には二通りあります。

・仕組みの中で「求められる」役割
・自分の心に「求める」役割

会社などの団体に所属していると、組織という仕組みの中で役割を「求められ」ますが、年齢や経験とともに、役割は自ら「求めるもの」へと変わります。

前者は受動的、後者は能動的です。

宮仕《みやづか》えで汗をかく会社員は、三十代半ばから四十歳前後にかけて自ら役割を探し求める機会が増えます。役職の有無や職種など立場で差はありますが、徐々に「自分はどうしたいのか？」と考える人が増えるのです。

熟年離婚なども「自分はどうしたいのか？」で生じる出来事です。

女性が男性から離れるケースが多いと言われますが、長年パートナーに仕え、子どもが巣立った状況で、夫婦間で役割を見いだせなくなった結果が熟年離婚です。離婚するほどの感情の断絶がない場合は「卒婚」を選ぶかもしれません。

そのとき役割は、求められるものから求めるものへと変化します。役割は本来、自らの心に求めるもの。私はどうしたいのかという能動的な感情です。

下校中の小学生や中学生を近所で見守っている人がいるとします。

ＰＴＡや自治会の持ち回りではなく個人で勝手にやっているにせよ、本人が毎日のお役目と勝手に思い込んでいるにせよ、その姿勢は素晴らしい。強制され、嫌々ながらやっているわけではないからです。

役に立つとか立たないとか、そんな話ではないし、そもそもお役目や役割は一つではありません。好きでやるならいくつあってもいい。

自分は何もできない、やってみたいことはあるけれど自分には無理、そう考えないでください。視野を狭《せば》めると、せっかくの自分の可能性を閉じてしまいます。

私は大学を退官した際、こう思いました。

「医療機関で働くこと以外の、すべての生きる選択肢を得た」

生きていくための選択肢は無限です。考える、想像することをやめなければ、選択肢も可能性も減ることはありません。

これが「自分の軸を持つ」ということで、役割はそこから生まれます。軸は誰かに求めるものではなく、社会に負わせるものでもありません。

生きるための軸は、自分で考え、育て、持つもの。

自分はどこに軸を置くのか。

考える時間が結構、楽しいのです。

役割は、
与えられるものではない。
自分で求めて見つけるもの。

ひとつのことにこだわると、人は弱くなる

任期満了で大学を退官したとき、私は言い知れぬ解放感で満たされました。強い縛《しば》りが解《と》け、ようやく心身ともに自由になれたからです。

その後、大学から名誉教授の称号をいただきました。退官後のある日、知人から「東大公式サイトの名誉教授称号授与者リストに載っている」と連絡を受けて初めて知りました。

本当にありがたいことでした。

ただし私の中では、大学で過ごした日々はすでに過去の時間です。

懐かしい時間もあれば、厳しかった時間もあります。でも、それはみな過去の時間です。

「中今」精神にないと今に満足できません。

退屈でたまらない時間が続けば「何か起きて日常が劇的に変わらないかな」と望むくせに、安定して楽しい時間が続くと「どうか日常に変化が起きませんように」と願います。

身勝手極まりない存在。それが、私たち人間なのです。だからこそ、心の切り替えで躊躇《ちゅうちょ》したりします。

でも、日本に昔から根付いていた武士道の精神「何が起きても慌《あわ》てず、準備を怠《おこた》らない」という心得、何かやってみたいこと、その二つがあれば、意外とすぐに切り替えられます。

柔軟性の高い人は切り替えが上手かもしれません。柔軟性というのは趣味とか好きなものとか交流など、さまざまな場面で身につきます。

柔軟性は生物の強さを保証します。人間も例外ではありません。

柔軟な人ほど強い。

暇だと思ったら、近所の掃除をする

とくにやることがないという言葉を、たまに耳にしますが、もしそれが定年退職後の男性なら、取り急ぎ、自宅の周囲を掃除するというのも手です。

何かやることと、取り組むことがあり、忙しいなら難しいかもしれませんが、暇《ひま》でしかたないのであれば掃除は絶好の暇つぶし。体も鍛えられます。

足をのばして地域一帯を掃除すれば、そのうち感謝されるかもしれません。地域の人とコミュニケーションをとる機会も増えます。

平均的に見て、女性は時間の使い方（運用）が細かく、男性は時間の使い方が大《おお》雑把《ざっぱ》です（もちろん例外はあります）。

今もらえる一万円と一年後にもらえる十万円、どちらを選ぶかと問われて、女性は一万円を選ぶ傾向が強く、男性は十万円を選ぶ傾向が強いそうです。

この質問の趣旨はユニークです。男女で時間に対するとらえ方が違うことが浮き彫《ぼ》りになります。先の保証はないから今を大事にする女性、先を読もう、先を夢見ようとする男性。今を大事にすると一日の時間の運用は細かくなるし、先を読もうとすると一日の時間の運用はざっくりしたものとなります。

古代の遺伝子（男性は狩り、女性は守り）に影響されているせいでしょうか。女性はいくつものコミュニティに所属して広く浅く付き合う傾向が強いのに対して、男性は限られたコミュニティで狭く深く付き合う傾向が強いと言われます。

その結果、女性は早い段階で多様性を手に入れますが、男性は多様な視点で社会を見ることが不得手になるのかもしれません。

社会が未成熟なら、固まりとして動く男性的な視点が有利ですが、社会が成熟すると、分散化、多様性が有利です。これがダメならあれ、あれがダメならこっちと、さまざまな選択肢から最適な解を出すほうが効率が良いからです。

土壇場《どたんば》で女性が強いのもわかる気がします。

「これがダメならあれ」と
たくさんの答えを出せる人の方が強い。

「肩書き症候群」には「忙しさ」が効く

組織で働いているときに、

「肩書き症候群」

という病気に罹《かか》っている人を大勢見ました。

言葉が悪いかもしれませんが、何かに必死にしがみつき、強い執着に取り憑《つ》かれているような感じです。大学に限らず、会社にも、多くのコミュニティにも、この病気に罹患《りかん》した人が大勢います。肩書きでしか相手を見られない人です。

この病気が厄介《やっかい》な点は、本人から多様性を奪い、自律する力を弱め、自己の解放を妨げる点です。**自己の視点ではなく、他人の視点で行動するようになり、やたらと評価を気にします。**

このタイプは、定年のように一区切りするときにガクンときます。肩書きがなくなると不安でしかたないので、これまでの肩書きとは別の肩書きを探し求めます。

結果として、多様性や自律の確保、また自己の解放は、実現しません。

この病気の特効薬があります。

それは、忙しく過ごすこと。

たったこれだけ。あっという間に完治します。

やってみたいことがあれば、なお良し。夢中になれます。

夢中になると、自己が解放されます。自律心が強化され、多様な視点が身につきます。ただ、やってみたいことがなくても大丈夫。我が身を忙しくしていると、心からモヤモヤが消え、肩書きにこだわる気持ちなんてなくなります。

肩書き＝自分ではない。
本当の自分は、
自分が好きなことの中にある。

昔、夢中になったことを思い出す

知人の男性で、やはり会社をリタイヤした人が「買い物と散歩」を継続しようと決めました。最初は、あれもやってみよう、これもやってみようと、色々なことに手を出してみたものの、どれも長続きせず、考えた末、買い物と散歩なら無理しないでやれそうだと気づき、実践したそうです。

そこで副産物が生まれました。スーパーマーケットや商店街で、よく会う人ができ、あいさつを交わし、話し相手が見つかりました。互いの買い物情報を交換するようになり、店の人とも懇意になりました。

散歩をしていると、同じような時間にウォーキングや犬の散歩をしている人と顔見知りになり、やはりあいさつを交わすようになりました。

濃い関係ではありませんが、ある意味、新しい仲間です。

家事をこなすようになると奥さんから感謝されます。悪い気分ではありません。独身の男性で、自分で作った料理を誰かに食べさせたい気持ちが芽生《めば》え、友人や知人を招くようになった人もいます。

仮に料理を「おっさんレシピ」としてブログに掲載し、それが話題になったらやっぱり嬉しいだろうし、ブログの作成で脳が鍛えられ、ネット上での交流も始まります。気がつくと、昔の肩書きなんてどうでもいい自分がいるでしょう。

学生時代に熱中した、歌唱とか、ギターなどの楽器とか、バレーボールやサッカーや野球、天体観測、生物研究、絵画、囲碁、将棋など、**何でもいいのですが、その昔、夢中になったことをやってみるのも手です。**

体力的に無理だとか、興味が失せたらやめればいい、そうでなければ「興味の基礎」があるので意外と早く楽しめるかもしれません。

今年（二〇一八年）の一月に『おらおらでひとりいぐも』（河出書房新社刊）と

いう小説で芥川賞を受賞した若竹千佐子《わかたけちさこ》さんは、五五歳のときにご主人を亡くし、息子さんの勧めで小説講座に通った結果、六三歳のときのデビュー作で芥川賞を獲り、大きなニュースになりました。

若竹さんのように実は小説を書いてみたかったという人も多いでしょう。だったら、書いてみればいいのです。スクールに通うのも手でしょう。芥川賞はちょっと難しいとしても、自分を解放する一助になるのは確実です。

前からしてみたかったことを
やってみる。

役に立つか考える必要はない

やってみたいことはあるけれど、それが誰かの、世の中の役に立たないことかもしれない、だったら意味がない、そんな悩みを持つ人もいます。

真面目で繊細な方だなと感心します。

でも役に立つとか立たないとか、考える必要は微塵《みじん》もありません。たったの一％も考える必要はない。

なぜなら、その判定はとても難しいからです。

何が難しいのかと言うと、役に立っていると思って当たり前のようにやっていることでも、実は役に立っていないことが山のようにあるからです。

医療の世界でも、しなくていい薬物投与、必要のない外科手術、自然治癒するのにあえていじくり回す治療がたくさんあります。ステージの進んだがん患者への積極的治療など、その最たるものでしょう。

医療関係者の多くは自分が正しいと信じていることをしていると思いますが、実は不要な行為で逆に患者を傷つけていることも多々あるでしょう。

あるいは不要だと気づいているけれど、生活のため、しがらみのために、わかっていても続ける医師も大勢います。

命に隣接する現場でさえ、曖昧模糊《あいまいもこ》とした状況なのです。

私は役に立つという価値観自体、不要だと思っています。

役割やお役目は与えられてこなすものではありません。先述しましたが、役割もお役目も、本来は自ら求めるものだからです。

もし誰かにありがとうと、自分がしたことへの感謝を受けたら、素直に喜べばいい。ありがとうという言葉がなくても自分が好きでやっているわけですから、淡々と日常を過ごすだけ。感謝はそう感じた人が発露《はつろ》するものであり、自分から求めるものではありません。

相手からの感謝の言葉がなくても、自分への評価がなくても、お天道さまはいつも、私たち一人ひとりを見ています。それを思い出してください。

明らかに誰かに迷惑をかけていなければ（傷つけていなければ）、自分が楽しいと感じることをすればいいし、その役目に夢中になればいいのです。

健《すこ》やかに生きるとは、そういうことでしょう。

他人の目を気にして、自分は社会的にちっぽけな存在だから、何の価値もない存在だから、役に立っていないからと卑下《ひげ》するのはムダです。

そんなネガティブな考えにハマる暇があるなら、やりたいこと、好きなこと、いつかやろうと思っていたこと、楽しいことを、やる。

やっているうちに、役に立つとか立たないとか、どうでも良くなります。

相手からの感謝を求めない。
「自分がやりたいからやる」、
それでいい。

気になるなら、やってみればいい

個人的に受ける相談の中でも、とくに多いのが「できないと思うんですけど」という一言のついた内容です。

じゃあやめておけばと、喉元《のど》まで出かかりますが、**それを言ってしまうと身も蓋《ふた》もないので「とりあえず、やってみては」と話します。**

ずっと専業主婦をやってきて、何かのきっかけで契約社員や派遣やパートで働くことになった人は、本当にやれるか、続くかという不安があるでしょう。

家事なんて一切やったことのない男性が、中途退職や定年退職などでやらざるを得ない状況に置かれても不安があるでしょう。

若い年齢で管理職（リーダー職）となり、複数の部下を抱える、あるいは年上の部下を抱えると、複雑な感情に苛《さいな》まれることが増えるでしょう。

では、その出来事は押しつけられたものでしょうか？


我が身にふりかかるすべての出来事は、そこに至るまでの間に起きた大小にわたる膨大《ぼうだい》な要素が緻密《ちみつ》にからみ合った結果、生じます。

実は一つひとつの要素を、私たちは自分で選んでいます。良いことであれ悪いことであれ、どんな状況もそこに至るまでの要素を自ら選択しているのです。

先ほどの相談も、本人はやってみたいと考え選択しているわけですから、そもそも「できないと思うんですけど」という言葉は矛盾します。

うまくできなかったときのことをおそれて事前に言い訳しているだけです。最初からうまくできなくたっていいじゃないですか。**できるようになる過程こそ私たちにとって最大の学びです。**

どうせできないと思い込んでいると、本当はできるはずのことも望む結果は得られません。逆に楽しめると、確実に望む結果へとつながります。

「できないかも」は言い訳。
自分で作った制限は
自分で外せる。

定年は会社が決めても、引退は自分で決めればいい

私たちに定年はありますが、引退はどうでしょうか。

引退とは、読んで字のごとく「地位や役職を離れること、引くこと」。会社など組織にいれば、雇用上の定年退職以外に「役職定年（管理職を辞して一般社員に戻ること）」があり、一定のポジションから引くときが来ます。

ただし、会社を定年で辞めても、社内で役職が外れても、それまでこなしてきた業務の専門家としての自分は、しっかりと残ります。

どんな形であれ、やりたければその仕事を続けることは可能だし、リタイヤ・独立して自分の城を持つこともできます。

要するに引退は、自分に「もうやめた」と念じる行為です。心の引退などと言い

ますが、まさに心の中で行なう儀式みたいなものでしょう。

主婦業には定年も引退もありません。

ある意味、サラリーマン以上に過酷です。専業主婦も大変ですが、働きながら主婦業もこなす人には本当に頭が下がります。

そんなロングランだからこそ、主婦の方には「ほどほど感」を持って欲しい。

ガチガチにやると心身が疲れてしまいます。臨床現場でそういう方を嫌というほど見ました。ほどほど感、ゆるゆる感、これが一番です。

私のようなフリーランスにも引退はありません。

かつては病院に勤務し、任期が満了するまでという期限付きの勤務でしたが、今は自分がやりたいと思った仕事ができます。やりたくないことはなるべくしません。

引退するときは人生を定年するときであり、それは私の命日。肉体上の期限しかないのだと思うと、毎日が天国です。

細く長く「ゆるゆる」続ける、
そんな気楽さも良い。

「あと何年」と逆算的に生きるのは厚かましい

あまり先を考えないことが肝要《かんよう》です。

考えたとしても、せいぜい半年、一年先くらいまででしょう。

私は明日のことさえ考えません。

明日はひょっとしたら「人生を定年している（＝死んでいる）」かもしれません。

肉体の動向は本当に予想がつきませんから。

仮に明日の予定が入っていたとしても、それは明日、自分が生きていたときにやればいい話。だから明日ではなく、生きている今日を、精一杯生きる。

何度も「中今」の話をするのは、そういうことです。

五体がちゃんと動いている事実に、まずは感謝。**一〇年後、二〇年後に、自分が**

どうなっているかと考えること自体、厚かましいこと。まず生きているかどうかわかりません。逆算的に考え過ぎると自縄《じじょう》自縛《じばく》に陥ります。好きなことができなくなる。まずは今日を楽しむ、今この瞬間を楽しむ。

マラソンやハーフマラソンを走っている友人から、どうしたら楽に走れるかと訊《き》かれますが、なぜきついかと言えば「あと何キロ、あと何キロ」と、ポイントごとに数えて走っているからです。

そんなことは考えず、ただ景色を楽しめばいいのに。

あと何キロと考えた時点で「まだ何キロ」という言葉が心を支配し、余計につらくなります。「あと」とか「まだ」という言葉は脳に不要な情報です。

人生に定年はありません。定年は自分が死ぬときです。

明日だって、あるかどうかわかりません。

だからこそ、今この瞬間を大切に。

役目や役割も、自分で好きなように決めればいいだけです。

人生もマラソンも、
ゴールを気にしたらしんどい。
今の景色を味わえば
楽しい。

第二章

自分の暮らしに手を抜かない。

「加齢」しても「老化」はしない

今、アンチエイジングという言葉がよく使われています。ここでこの言葉について考えてみます。もともと、英語の aging（エイジング）には、日本語の〝加齢〟と〝老化〟の両方の意味があります。〝加齢〟は例外なく誰にでも起こります。一方、〝老化〟、つまり加齢による心身の機能低下の程度は人それぞれです。

多くの人が「歳は取りたくない」「老けたくない」と言いますが、どうも加齢と老化との違いを認識していないように思います。

英語の antiaging（アンチエイジング）は、文字通り、抗加齢、抗老化（老化防止）を含み込んでいるので実際に日本語で表すと〝老化防止〟になるかと思います。

アンチエイジングについては、老化を遅らせるという観点で、食や睡眠、運動、美容など様々な方法が実践されています。最近、この加齢や老化と正面から向き合う〝スマートエイジング〟という考え方があります。**「加齢によって物事の見方が深まり、視野が広がることで人生が豊かになっていく」と前向きに認識することは大切です。**歳を重ねるのが楽しくなる、というのはとても良い考え方です。

本書では、さらに進んで、〝加齢〟はしても心身の〝老化〟はしない、という観点で述べたいと思います。まず、体について。すでに、アンチエイジングで取り上げられている方法以上に大切なことがあります。それは、いつも「自分の体の声を聴く」そして「自分に、自分の体に、無心に感謝すること」です。この感謝は、頭で考えて行なう感謝ではなく、潜在意識のレベルに至る感謝の念を持つことです。この感謝の念をとくに自分の胸の中心に向けることです。

次に、心まで老化しないためにはどうすればいいか。それは、「老化する・老化しない」という意識を自分の中からなくすことです。感謝の念で中今を生きていればそのような意識も生まれません。**何の心配も恐れもありません。**

感謝の念で中今を生きる。

ちょっと不便な生活を楽しむ

体をほどほどに動かす習慣があれば、自然と転びにくくなります。筋力の維持や関節の可動域を維持できるからです。

すると血液の循環も適度に保たれます。内臓の働きを後押しし、脳内環境を好転させることで記憶力や空間認知力も向上します。

つまり結論から言うと、体をほどほどに動かすことで内臓や脳の健康を維持し、日常を快適化できるということです。

これが自律した生き方です。

ただし加齢で脳・神経や筋の不具合（脳血管疾患、認知症、頸椎《けいつい》の変形や後縦《こうじゅう》靭帯《じんたい》の骨化による脊髄《せきずい》や神経根《こん》の圧迫症、神経や筋の変性疾患など）が隠れていることもあります。何かおかしいと感じたら、医療機関で見立てをしてもらうこと。

それらを踏まえた上で、私から提案があります。

ちょっとくらい、不便な生活を楽しんでみませんか？

まずは「歩く」ことを見直しましょう。いつでもウォーキングです。

ここ数十年で人間は確実に歩く頻度が落ちました。自家用車（車、バイクなど）、バス、電車での移動が主な手段となったからです。

歩くよりもずっと早く目的地に着くし、仕事にせよプライベートにせよ時間が設定されているときは、こうした手段が圧倒的に便利です。

でもその結果、さらに歩く機会、つまり「体を動かす機会」を逸《いっ》します。

エレベーターがあると当然のように乗ると思いますが、そこでちょっと階段を使ってみる。一〇階や二〇階まではしんどいですが、三階とか四階くらいなら、しかも最初のうちは二日に一回くらいのペースで階段を使ってみる。エスカレーターも使わず、階段を使ってみる。慣れてきたら一段飛ばしで上ってみる。

それくらいならできるかもと感じた人は、きっといけます。

先ほどのバスや電車も、急いでいなければちょっとだけ歩いてみる。自宅から目的地までのすべてを歩くわけにはいかなくとも、一つか二つの停留所、あるいは駅の間を歩いてみる。いつも降りる停留所や駅の一つ手前（もし可能なら二つ手前）で降り、実際に歩いてみると、車窓から見えていた単に流れているだけの風景を体感します。散歩気分で結構です（暑いときは無理しないように）。

歩くことはすべての基本です。走る、登る、すべて歩きの延長です。

丹田（臍《へそ》の下あたり）を意識し「歩いているぞ」と実感しながら、歩行そのものを楽しむこと。力《りき》まず、四季の眺《なが》めを五感でとらえる。

天気の良い日は楽しくなること請《う》け合いです。

ほどほどに体を動かし、
自律して生きる。

「勝手にやってもらう」に慣れない

今、あちこちでバリアフリー化が進められています。しかしこれもやり過ぎると、体がなまってしまう空間と化します。

ちょっと便利な改善には大筋で賛成ですが、同時にちょっと不便な部分を残すことで、体は活性化します。動かざるを得ませんから。

何でも行き過ぎると、その後に待っているのは「硬直化」です。便利な空間では、わざわざ体を動かす余地がありません。本当に心身は適度に負荷《ふか》がないと、すぐになまってしまうので困りものです。

セキュリティ会社による個人の住宅向けの「見守りシステム」は、高齢化と単身化が進む社会状況を考えると合理的な仕組みです。

しかしスマホを操作して帰宅前に風呂を沸《わ》かすとかエアコンをつけるとか、冷蔵庫がネット接続されて喋《しゃべ》るとか、こういうのは「ちょっと便利」でしょうか？　本当に必要なのかと疑問です。

勝手にやってくれる（やって欲しい）という姿勢の先に待ち受けるのは、心身の硬直化です。人は便利さへと舵《かじ》を切りたがりますが、動物として持っている機能、本能という視点で見れば、ある一線を越えてはなりません。

その一線こそ、自ら動き、自ら考える「主体性」です。

機械がやってくれたらいい、便利だと、もし考え始めたら、自身の筋肉や反射神経が確実に低下していると思ってください。脳機能も低下します。

主体性を放棄する、一線を越えるというのは、そういうことです。

「不便だけど、不幸じゃない」

そんな言葉があります。不便は必ずしも不幸ではありません。

転ばないようにと散々、便利にした結果、動かなくて良くなり、むしろ体が硬くなるとか、転びやすくなってしまうことだってあるのです。

任せ過ぎると
体も脳も弱くなる。

歩きながら「今ここ」を感じる

歩き瞑想《めいそう》、というのをご存じでしょうか？

瞑想と言えば、普通は足を組んだり、椅子《いす》に座ったりして目を閉じ、静かにこの瞬間を感じる、などと言われますが、それを歩きながらするわけです。

歩き瞑想のポイントも通常の瞑想と同じく「中今＝今ここ」を感じること。

風景を楽しみ、好奇心を持ち、自然と自分のつながり、自分と他者のつながりを、心のまま、ありのままに感じる。今この瞬間を、歩きながら楽しむ。

すると時間を忘れます。登山（とくに下山）のときに歩き瞑想を実践すると、疲れたという感覚が生じません。自分が見ている山の風景は、いつも同じようでいて、その瞬間のもの。だから貴重です。

普段は、地下鉄の最寄り駅まで五分ほどかけて歩き、そのまま帰って来るという歩き瞑想を行なっています。

どこかに出かけるときも、それが知っている街だろうと知らない街だろうと、そのときの風景を楽しみ、自分が世界の一部である事実を実感します。


歩くだけではなく、走るときは走ります。

私の場合は、二〇キロメートル超をだいたい二時間くらいかけて走ります。市街地で信号もありますのでゆっくり目です。

その際、ロング・スロー・ディスタンス（ＬＳＤ）を心がけます。

なるべくスローなペースで、長時間を走る。長い距離をゆっくりと走るとき、フォームに無理があれば身体のどこかが痛くなります。それを修正しながら走る。距離が決まっているわけではありませんが、普段より長めをゆっくりと走る。息切れしないようゆっくりと走る。ＬＳＤは有酸素運動をより効果的にします。

歩きながらこの世界を味わうだけで、
瞑想になる。

食べ過ぎない、偏らない

健康を考えるときに「食」の果たす役割が実に大きいことは、すでに皆さんもご承知かと思います。

しかしながら食について、実はそれほどよくわかっていない部分が大きいというのも事実です。

何がよくわからないのか？

例えば、どれを食べると絶対的な効果があるとか、その食事法なら病気にならないとか、そういうことがよくわからないのです。

誤解を恐れずに言えば、

「万人に適用される食の黄金ルールはない」

ということです。

ある程度の幅、例えばこれを摂取するとミネラルが補《おぎな》えるとか、こういう食べ方だと糖化を減らせるとか、そういう「有益性の幅」はあります。多くの識者が本やネットでその情報を発信しています。

しかしそれらでさえ、万人に対する黄金ルールではありません。

なぜなら素材や食事法というのは、個人の体質ごとに合ったり合わなかったりするからです。健康に良いとされる食材だって、遺伝的に合わない人がいます。私自身の食事だって万人に合う内容ではないでしょう。

絶対的な黄金ルールはありませんが、食べ過ぎない、極端に偏《かたよ》らない、この二点は守ったほうが良いでしょう。要はバランスです。

あと、食べたいものは適度に食べましょう。

あれはダメ、これもダメ、そんな姿勢では必ずストレスを生みます。ストレスは細胞の炎症や酸化を招き、体の不調や老化を促進します。

食べる楽しみがある方は大勢いらっしゃるはず。そういう方にとって食べられないというのは、ある種の苦行《くぎょう》です。

あるいは「健康にいいから」と言われて、まずいと感じるものを毎日食べ続けるというのも苦行。ストイックなことをやる必要はありません。

食についても楽しみながらという姿勢が、最も負荷がかかりません。膨大な情報がありますから、振り回されないように気をつけること。

また、サプリメントや薬に頼る前に、まず食事内容（食べ過ぎ、偏りなど）を見直し、生活習慣の改善から始めること。

サプリメントや薬で短期的には何とかなるかもしれませんが、

「対症《たいしょう》療法と、本当に体にいいことは違う」

という事実は忘れたくないものです。

食事はバランスが大切。
好きなものも適度に食べる。

サプリや薬に頼る前にできること

私自身は、サプリメントを使っていません。先ほどから書いているように、むしろ食生活そのものの改善こそ、体にも健康にも良いと信じているからです。

私がサプリメントを使わない理由は、次の三点です。

①プラセボ（偽薬《ぎやく》）的な位置づけにある点
②体質によって効果・効能が異なる点
③人工的な摂取が肉体の潜在力を弱めてしまう点

あえて商品名は記しませんが、飲んで体の中で消化分解され、それが再び元と同じものとして産生《さんせい》されるかどうかわからない仕組みを伏せ、体にいいから買ったらどうですかと広告を打つのは、果たしてどうでしょうか？

逆に、摂取することによる副作用の可能性すらあります。

では、体質が改善したとか、調子がいいとか、実際にある声はどういうことなのかと言えば、先ほど挙げたプラセボ効果かもしれません。

サプリメントに頼るなら、まずはしっかり食事をとりたいものです。

食のリバランス（バランスの見直し）を行なってください。

私自身は、まず白米ではなく玄米を食べます。野菜、果物、発酵食品もバランス良くとるようにしています。大豆製品、卵、パンも、ほどほどに食べます。

「毎日、どんな食事をしているんですか？」

この手の質問を最近、わりとあちこちで受けます。そこで本書の巻頭にて、僭越ながら私の普段の食事メニューを紹介しています。

肉類は食べません。お酒も飲みません。とくに糖質制限などもしません。なるべく旬の食材をいただくようにしています。塩も大事です。精製されていない自然塩の持つミネラル要素は人体を活性化してくれます。

なるべく加工されたものではなく、自然の食材を楽しむ。量を追わず、質を追う。

その点に留意しています。

サプリメントと同様に、薬も服用しないに越したことはありません。

そこで難しくなるのが減薬（薬の摂取量を徐々に減らす）のタイミング。かかりつけ医との相談ですが、お互いの十分な疎通による信頼関係の構築が大切です。まず患者が心持ち、食、体を適度に動かすなど生活改善をし、減薬したいという意思を医師に伝えること。医師は患者が病状把握できているか確認し、経過に合わせて適切に判断するなど協力すると応えること。

心の持ちよう、食と体を適度に動かすこと。

この三つが健康を決めるということを、心にとめておきましょう。

旬の食材を、
ほどよい量で楽しむ。
当たり前のことが、
健康の鍵。

寝るときの環境を見直す

体温は睡眠に関係します。活動中は体温が高く保たれ、眠るときに体温が下がることで体を休めます。

手足から放熱して深部《しんぶ》体温が少し下がると眠くなります。ですので、布団の中でインスタントに温めるよりもお風呂にちゃんと入り、体を芯《しん》から温めて手足の循環まで良くして寝るほうが効果的です。

手袋や靴下など、冷え性の対策として色々な話を耳にしますが、お風呂の入り方、生活環境（室温、湿度など）の改善、食生活の見直しで、末梢《まっしょう》（この場合は手足の先）の循環改善が期待できます。

どうしても寒いときに補助的に使うようにしたら良いかと思います。

このときに、より重要になるのが寝具。

保温マットが効き過ぎて逆に眠れなくなるケースもあれば、昔ながらの綿の布団のように重たい寝具だと寝苦しさが倍増する人もいるでしょう。

よく「心臓の上に手を置いて寝ると悪夢を見る」などと言いますが、悪夢を見るかどうかはさておき、体に重みがかかるような状況だと、きちんと眠れないのは事実です。

昔は重い布団ほど暖かいと思われていました。

ですが、掛け布団が重く感じる人はなるべく軽い羽毛や人工羽毛に替えましょう。綿の布団よりも暖かいです。湯たんぽも効果的で、手袋や靴下要《い》らずの優れものです。

湯たんぽは身に着けるものと違い、不要になると無意識に蹴《け》り出すし、何よりも時間が経《た》つと冷めます。

私は寝間着を持っていませんが、出かけるとき以外は、屋内でも屋外でも着の身着のままです。春や夏はTシャツとジャージー素材のズボンといった感じで、とにかく動きやすい格好が一番です。

病院をやめてからは睡眠時間が長くなり、だいたい午後十一時〜午前零時に就寝し、午前五〜六時に起床します。

お風呂は夜、二〇分くらい入ります。少しぬるめ（夏三八〜四〇℃、冬四一℃）にしています。**寝る前には何もしません。**テレビもパソコンも見ません。**今日一日、生かされたことに感謝するだけです。**

眠る直前は何もしない。

代謝をコントロールする

出すことも健康には不可欠です。

発汗と排泄《はいせつ》、この二つは代謝のコントロールという点で重要です。

発汗では体内残留を避けたい重金属などの毒素を出します（デトックス）。汗をかくと熱が出ます。熱が出ると体温が上がり、免疫力も上がります。血流の質も向上します。

人体は代謝で担保《たんぽ》されているので、汗をかかない人はなるべく動くこと。一日中、じっとしているのはいけません。

排泄、とくに排便では、便秘にせよ下痢にせよ、長い間、悩みを抱える方も多いのではないでしょうか。

便秘は次の状況が大きく影響します。

①食事内容（偏重、不規則）
②体質（基礎体温、ホルモンバランス）
③習慣（我慢する癖）
④腸内環境

薬の影響もあります。女性は腹筋が弱く、広い骨盤に腸が落ち、ホルモンの関係で便秘になりがち。男性は相対的に下痢になりがち。まずは食事の内容を見直しましょう。

下痢の方は野菜スープやおかゆなど消化の良いものをとり、アルコールやコーヒーなど刺激物は控えること。

便秘の方は海藻類やキノコ類など繊維質の多い食べ物をとること。さらに便秘では、スムーズな排便を促すために次のことを試してはいかがでしょう。

①ウォーキング、階段の昇降
②体操、ストレッチ、ヨガ、瞑想、太極拳、気功、バランスボールなど
③和式便器

和式便器は意外に思われるかもしれませんが、洋式と違ってしゃがむ姿勢だと、直腸と肛門がまっすぐになり、排便を促しやすいのです。

洋式便器でこれを応用するには、両足の下に何かを置き、足の位置を上げること。和式便器と同様の効果が得られます（それ専用の雑貨も販売されています）。

ちなみに下剤はなるべく控えましょう。

腸内環境が荒れる上に自力で排泄する力が弱くなります。

体から出すことも大切。

「笑い」と「ワクワク」を日常にちりばめる

できるだけ頭を刺激してみましょう。間違いなく脳が活性化されます。
では、どんなことが脳を活性化するのか？
いくつか挙げてみます。

①読書（普段は読まないジャンルにも挑戦してみる）
②知らない土地を歩いてみる
③絵画や彫刻など芸術鑑賞（機会があれば自分でもやってみる）
④落語を聞いてみる
⑤パズル、問題を解いてみる

ポイントは「想像する」ということ。

視覚からストレートに入る情報だけでなく、情景だったり、歴史だったり、さまざまに思いを巡《めぐ》らすことで脳は急速に働きます。

笑うことも脳を活性化します。

実は笑いで免疫力が向上し、血糖値上昇を抑制することもわかっています。村上和雄先生（筑波大学名誉教授）らが、かつて吉本興業と一緒に調査した「笑いと糖尿病の研究」で、その事実が明らかになりました。いいことずくめです。

余談ですが、私はこれまでの人生で、賭《か》け事の類いを一切しませんでした。でもある方々からのお誘いで、先日、ある競輪場に行きました。

走る側ではありません。東大病院の勤務時代、確かに自転車部の部長をやっていましたが、そうではなく賭ける側です。やってみてわかったのですが、大穴を狙うような欲をかかなければ意外と勝てました（※個人の感想です）。

それはいいとして、レースの行方を考える作業はまさに頭の体操です。

選手の個性、レース成績、オッズ（払い戻し倍率）など、色々と考える要素があります。そして信頼すれども期待せずの境地で賭ける（笑）。

ほどほどなら、大金を失うことなくドキドキ感を得られます。ドキドキする状況では脳内でドーパミンという化学物質が放出されますし、老化やパーキンソン病にはドーパミンの減少も関係します（でも賭け事なので、ほどほどに）。

競輪はパチンコのようなギャンブルと同列で扱われがちですが、主催する地域（自治体）にお金が落ちます。諸経費を差し引いた残りの売上金が、地方自治体に入るという意味では、ある種の地域振興と言えます。

社会にお金を循環させる仕組みの一つです。

日常に変化を作り、
心を刺激する。

第三章

機械任せ、他人任せではなく自分の体で生きる。

息切れする運動を頑張らなくてもいい

私がことあるごとにウォーキング、階段の昇降、自転車、山登りやハイキングなどをお勧めするのには理由があります。

まず、一人でも可能だという点。そして腸腰筋《ちょうようきん》が鍛えられるという点。

とくに自転車や階段の昇降は、腸腰筋がかなり鍛えられます。

腸腰筋というのは腰椎《ようつい》と大腿骨《だいたいこつ》を結ぶ筋肉で、背骨、骨盤、股関節という、私たちが転ばないために働く主要な部位に影響する筋肉です。加齢や運動不足でこの筋肉が弱くなると歩行に障害が出ます。

したがって、毎日ある程度の距離を歩き、そこに階段の昇降も入れながら、たまに自転車にも乗っているような人は、着実に腸腰筋が鍛えられます。無意識のうちに体が活性化されます。よって転びにくくなるでしょう。

低い山へのハイキングなら誰でも可能ですが、山登りはどうしても関節に負荷がかかります。ジョギングも関節に負荷がかかります。

関節にとくに問題ない方は大丈夫ですが、筋肉が落ちている、何らかの治療をしている、あるいは普段あまり運動をしないような人が、いきなり山登りやジョギングを始めると、膝関節や股関節を痛める危険性があります。

逆に、自転車やウォーキングは関節にかかる負荷が小さい上に、山登りに比べると筋肉の動きが単純です。

ちなみにどんな運動でも、ひどく息切れするような、強く、激しい運動は、できれば控えたいものです。

強い運動をすると酸素を大量に使い、体に負荷がかかって多くの活性酸素が作られ、細胞を傷つけると考えられます。

自律神経もフル活動の状態となり、結果として、自律神経失調をきたす恐れがあります。さらに、血圧の上昇、糖尿病、がん、心臓血管疾患などの発症リスク増加へとつながります。

むしろ息切れせず、ゆっくり体を動かし、筋肉や関節に過度の負荷をかけずに行なうことができる、例えばバランスボールや太極拳のような運動は、見た目のおっとり感とは逆に、身体内部の燃焼効率や細胞活性に役立ちます。気功も同じです。

ゆっくり呼吸し、ゆっくり動く。

この「ゆっくり感」で、筋肉や骨や関節を痛めることなく、乳酸を蓄積することもなく、全身の組織を活性化します。

自分の体力に合わせて、
ゆっくり体を動かす。

家事は体を動かす絶好のチャンス

体を動かすと聞くと、スポーツジムとかフィットネスクラブを連想される方が多いと思います。自治体主催の体操教室も豊富です。もちろん一定の効果が期待できますが、行く時間やお金がないという方も多いでしょう。

だったら家にいるとき、会社などで仕事中、あるいは外出した際に、それをカバーできるくらいの運動ができればいいと思いませんか？

例えばキッチンにいるときに、簡単にできること。

・かかと上げ（つま先立ち）、かかと伸ばし（交互にゆっくりと）
・エアフラフープ（腰を右回し、左回し、交互にゆっくりと）

・肩甲骨《けんこうこつ》の開閉（両肩を後ろにそらし、次に両腕を胸の前で交叉する）
・屈伸《くっしん》（急がずゆっくりと、慣れたらつま先立ちでゆっくりと）
・股関節ストレッチ（四股《しこ》踏みスタイルで手を膝《ひざ》に置き左右の肩を入れる）

すぐにできます。キッチンにいる時間が長い方は、これらを習慣づけると良いでしょう。体は習慣づけを好みます。

トイレやお風呂の掃除では、次の効果が期待できます。

・壁を拭《ふ》くときに腕を伸ばして円を描く（腕は左右使う、肩甲骨を意識）
・床を拭くときに四つん這《ば》いで背中と腰を伸ばす（背骨と骨盤を意識）
・便器や浴槽を磨くときに中腰スクワット状態（大腿、膝、足首を意識）

注意して欲しいのは、急いでやる必要はないということ。少しゆっくりなくらいで、回数も無理のない範囲で行なってください。息切れするとか、きついなと感じたら、すぐに中断しましょう。

普通に家事をこなすだけで、実は結構な運動量になります。

主婦（主夫）は楽でいいねと揶揄《やゆ》する人もまだ多いようですが、自分でやるとわかります。毎日これだけの作業をこなすのかと驚くでしょう。

ただし、家事を担当する方の多くが「面倒くさい」と感じているのも事実。でも放っておけばおくだけ確実に家が汚れます。

だったら仕事を完了することに加えて「体を動かし合理的に鍛える」ことを実現させ、一石二鳥を狙いましょう。

家事は毎日やっているとおっしゃる方も、ちょっと体の動かし方に気を配ってみてください。習慣づけた結果、筋肉がついた、ダイエットにつながった、便秘が治った、そんな方々もいらっしゃいます。

家事の「ついで」に、体を動かす習慣をつける。

「ながらストレッチ」を楽しむ

デスクワークが中心で、座っている時間が長いという方には「座ったままストレッチ」を推奨します。立たなくてもできます。

- 右手を左膝に乗せグッと左を向く、左手を右膝に乗せグッと右を向く
- かかとを上げてゆっくり下ろす（繰り返し）
- つま先を上げてゆっくり下ろす（繰り返し）
- ゆっくりと足を広げ、ゆっくりと閉じる（股関節を意識する）
- 上半身をゆっくりと、前後左右に倒す（背骨と腰を意識する）
- ふくらはぎを膝に押し当て上下に動かす（ふくらはぎマッサージ）

郵便はがき

料金受取人払郵便

芝局承認

6889

差出有効期限
2020年12月
31日まで
（切手は不要です）

105-8790

216

東京都港区虎ノ門2-2-5
共同通信会館9F

株式会社 文響社 行

フリガナ	
お名前	
ご住所 〒 都道府県 区町市郡 建物名・部屋番号など	
電話番号	Eメール
年齢 才	性別 □男 □女
ご職業（ご選択下さい） 1. 学生〔小学・中学・高校・大学(院)・専門学校〕 2. 会社員・公務員 3. 会社役員 4. 自営業 5. 主婦 6. 無職 7. その他（ ）	
ご購入作品名	

より良い作品づくりのために皆さまのご意見を参考にさせていただいております。
ご協力よろしくお願いします。

A. 本書を最初に何でお知りになりましたか。

1. 新聞・雑誌の紹介記事(新聞・雑誌名　　　　　　　) 2. 書店で実物を見て　3. 人にすすめられて
4. インターネットで見て　5. 著者ブログで見て　6. その他(　　　　　　　)

B. お買い求めになった動機をお聞かせください。(いくつでも可)

1. 著者の作品が好きだから　2. タイトルが良かったから　3. 表紙が良かったので
4. 内容が面白そうだったから　5. 帯のコメントにひかれて　6. その他(　　　　　　　)

C. 本書をお読みになってのご意見・ご感想をお聞かせください。

D. 本書をお読みになって、
良くなかった点、こうしたらもっと良くなるのにという点をお聞かせください。

E. 著者に期待する今後の作品テーマは?

F. ご感想・ご意見を広告やホームページ、
本の宣伝・広告等に使わせていただいてもよろしいですか?

1. 実名で可　2. 匿名で可　3. 不可

ご協力ありがとうございました。

・**肩回し、手首回し、首回し（ゆっくり行なう）**

先ほどの家事同様、無理のない範囲でやってください。

ちなみにですが、私がここに列記した運動やストレッチをすべてやる必要はありません。

ここに書いていないものまで含めて、自分でやってみて「これはいい」と思ったものだけをチョイスして始めてください。

移動中にできるものも、たくさんあります。

・**交互にかかとを伸ばすストレッチ（ゆっくりと、ふくらはぎを意識する）**
・**腿《もも》上げ歩き（歩きながら、たまに行なう）**
・**つま先だけ歩き（かかとを接地させない、たまに行なう）**
・**ゆっくり大股歩き（歩きながら、たまに行なう）**
・**階段で一段飛ばし（上り階段のみ）**

・階段で両足裏の前半分を乗せ、軽く上下させる（必ず手摺《す》りを握る）

状況によっては迷惑になる恐れがあります。ご注意ください。

人はなぜ転ぶのかという問いに対しては、運動不足や加齢、老化など、さまざまな答えがありますが、加齢を止めることはできません。**それでもなるべく転ばないように生活するコツはあります。**

最も大切なのは習慣づけです。

移動中に運動やストレッチを兼ねる習慣づけができれば、動くことが怖くなくなるし、むしろ楽しみになると思います。

動くことが怖くなる前に、
自ら動くことを楽しむ。

自分に合う運動を少しずつ続ける

フレイル・サルコペニアという言葉を聞いたことがあるでしょうか。聞きなれない言葉だと感じる方がいらっしゃるかもしれません。

今、わが国の高齢者三千万人のうち六百万人が介護を受けています。日本老年医学会は、要介護の前段階としての脆弱性を「フレイル」と命名しています。私たちはフレイルにならないようにしたいものです。

さて、フレイルは「加齢に伴い身体の予備能力が低下して健康障害を起こしやすくなった状態」、サルコペニアは「加齢に伴って生じる骨格筋量と骨格筋力の低下」、と定義されています（公益財団法人長寿科学振興財団「健康長寿ネット」のＨＰより要約）。

加齢に伴い食欲不振や偏食により低栄養の状態になり、それがやがてサルコペニアをきたし、さらにフレイルを増悪する「フレイル・サイクル」状態に陥らないよう心得る必要があります。

フレイルの筋力低下をきたさないためには、運動が有効です。この場合自分に合ったものがお勧めです（椅子に座ったり立ったりの繰り返し、スクワット、歩行、水泳、ジョギングなど）。

また、バランスの良い食事をとることで筋肉がつき、感染症にかかりにくい身体ができていきます。

そして、適度の運動をすることで、姿勢が良くなり、血液循環が良くなり、内臓の働きが良くなり、脳の働きも良くなり、気分も良くなります。

可能なら五分でも良いので日々体を動かしたいものです。

運動内容もあくまで目標です。やりたくなければ無理せず、しないこと。

しなければならないという義務感は要りません。

ハードに鍛えなくても、
気持ちに任せて
少しずつ動くことを楽しむ。

片足立ちでバランスを整える

自分のバランスをチェックする意味で、次のテストをしてみてください。

①直立姿勢で両足のかかとの上げ下げ（つま先立ち）

足に支障がある場合は、椅子や壁につかまった状態で行なってください。可能なら、かかとを上げて二、三秒くらい静止してみましょう。その逆に、かかとは接地したまま、つま先の上げ下げもやってみてください。

②片足立ちで屈伸

片足立ちして、接地しているほうの足の膝を、ゆっくりと曲げ伸ばししてみてください。

三〜五回くらいが目標です。

膝は深く曲げる必要はありません（無理をすると筋を痛めます）。

片足立ちができない場合は、そこからトレーニングをスタートしましょう。

とりあえず初期目標は、一〇秒間の静止です。靴下をはくときに、片足立ちでやるのも効果があります。

③ 片足立ちでかかとの上げ下げ（交互に）

片足立ちの状態で、接地しているほうの足のかかとを、上げ下げしてみてください。まずは一回できれば大丈夫。

可能なら、二回、三回と、回数を重ねてみてください。無理はしないこと。

京都大学附属ゲノム医学センターの田原康玄氏（准教授）らの研究では、二〇秒以上の片足バランスがとりにくい人は、脳疾患や認知機能低下におけるリスクが高いという調査結果が出ています。

片足立ちをする時間の長さが疾患と関係しているのでは、という報告です。

この調査は、愛媛大学附属病院抗加齢センターで実施している「抗加齢ドック」に参加した平均年齢が六七歳の健康な中高年者一三八七人を対象に行われました。

（※出典／一般社団法人日本生活習慣病予防協会の公式ページ）

普段、片足立ちをする機会なんて、生活する上であまりないかと思いますが、それでも気づいたときに、ちょっとやってみてはいかがでしょう。

自然にできるようになれば、身体のバランスが整い始めた証拠です。

いつでも片足立ちできる
バランス感覚を目指す。

目と体の血流を促す

先ほどから、たまに血流という言葉が登場しています。

私たちが起きているときも、寝ているときも、体内では血液の循環が絶え間なく行なわれており、血流の状態が、健康かそうでないかのバランスを決めていると言っても過言ではありません。

起きているときに正常な血流を促すには、注意点があります。

・長い時間、同じ姿勢をとらない（体を固めない）こと

・関節に、適度な刺激（首、肩、腰、膝、足首、肘《ひじ》、手首をゆっくり回す）を与えること

大きく言えば、この二つです。

首凝りや肩凝りに悩む方は多いと思いますが、平均すると約五キログラムの頭を乗せているわけですから、首も肩も疲れて当然です。

眼球も、血流が悪くなることで機能が低下します。

ストレスや睡眠不足で目が疲れることがありますが、テレビ、パソコン、スマホ、ゲームなど、情報端末が普及したことで目の疲れは急増しました。

端末をじっと眺めていると眼筋の緊張感が高まり、痛み、しょぼしょぼ、瞼《まぶた》のピクピクなど、さまざまな症状が出ます。いわゆる眼精《がんせい》疲労です。

眼精疲労は、視力低下、老眼の促進、ドライアイなど、さまざまな機能低下へとつながります。眼精疲労で生じる頭痛も多く、その頭痛が交感神経や副交感神経のバランスを司《つかさど》る自律神経の乱れを招きます。

目が疲れたなと感じたら、端末を見るのをやめて、できるだけ遠くの景色を眺める、眼精疲労に効くツボを押す、首や肩の凝りをほぐすストレッチを行なう、などをやれたら良いかと思います。温かいタオルと冷たいタオルを交互に目に当てることで目の血行促進をするのも良いかと思います。

ちなみに簡単な「眼筋ほぐし体操」があります。（巻頭に写真付きで紹介）目を中心として、時計回りに、①上、②右斜め上、③右、④右斜め下、⑤下、⑥左斜め下、⑦左、⑧左斜め上、合計八つのポジション（方向）を使います。

まず人差し指を一本、目の前に立ててゆっくり一呼吸してください。次に、指を自分の正面から腕一杯の距離まで離し、指先のはるか向う（無限遠）を見ながら一呼吸します。そして再び戻し一呼吸します。指先だけを見つめること。

次に、先ほどの八つのポジションで同じように行ないます。最初は目の前に指を置き、そのポジション一杯まで指（腕）を離し、再び目の前に戻す。

この指の動きを、頭を動かさず、目だけを動かして追う。指のもっと先を見るようにすると眼筋は一層ほぐれるでしょう。

体も目も硬直させない。

毎日の運動は少しでいい

私が実際に、毎日やっている運動をいくつかご紹介します。（巻頭に写真付きで紹介）

＊全身の血流促進に役立つ適度なスクワット

足を肩幅に広げて立ち、背中をまっすぐ立て、そのままゆっくり上体を下げる（膝を曲げる）方法です。

その際、足の親指に重心を置き、お尻の下の筋肉を意識すること。

膝が直角（九〇度）になるくらい曲げ、上体を上げるときに少し前傾になると、腰が入った状態になります。一セット一〇～最大三〇回くらいで良いと思います。

私は、朝昼晩に実行しています。場所も取らず、仕事や家事の合間にできるのでお勧めです。朝、野菜ジュースを作る合間に、このスクワットをしています。

＊首回りの筋肉と肩甲骨の凝りをほぐす肩回し体操

首回りの筋肉（僧帽筋《そうぼう》）や背中の肩甲骨の筋肉が硬くなると、血行不良が生じ、ひどく凝り始めます。やがてその凝りが頭痛の原因になるのです。

まず、両腕を水平に上げます。次に、上げたその両手でグルグルと、内側回し、外側回し、をやります。一〇回ずつくらいで良いでしょう。

ここでの注意点ですが、単に腕を回すのではなく、首と肩、背中を結ぶ筋肉、つまり僧帽筋を使って回すようにしてください。腕が水平より上がるときに僧帽筋を収縮させて肩を引き上げ、いっしょに腕を回すような感じです。

きちんとできると、慣れていない方は多少痛みがあると思います。激しく痛むようなら中止してください。

＊腰痛改善のためのキャット&ドッグ

「キャット&ドッグ」というストレッチがあります。

ストレッチにはさまざまな方法があり、人によって合う、合わない、があると思いますが、このキャット&ドッグは、ほぼどなたにでも合うやり方ではないかと感じます。ポーズが猫と犬に似ていることから、そういう名前になったようです。

四つん這いになり、両手は肩幅に広げます。

キャットは床を押し上げる感じで、背中と腰をぐっと丸めます。ドッグはその逆で、顔を上げて背中をぐっとそらし、お尻（骨盤）を突き出してください。どちらのポーズも肘を曲げないようにして、一秒ずつ繰り返すこと。

私は朝、起きたらまず、このポーズをとります。体が温まり、睡眠中に固まった骨や筋肉に柔軟性が戻ります。腰痛持ちの方も改善が見込めます。

腰が痛いという方は、試しに一、二回、やってみてください。回数がこなせる方は、キャットとドッグをワンセットで、一〇～三〇セットくらいから始めてみてはいかがでしょうか（回数をこなす競争ではありません）。

無理はせず、
できる運動を習慣にする。

健やかに歩く

歩き方や、そのスピードにも個人差があります。

重要なのは「早過ぎると炎症を起こす」という事実。さらに、歩くときの姿勢で歩行が健康に寄与するかどうかが決まります。

歩みの強さ、体の各部位の可動《かどう》性、歩くスピード。

三つのバランスがとれたとき、健康的な歩行が生まれます。

猫背で歩く方、ちょびちょびと小さな歩幅で歩く方、大股で歩く方、左右どちらかに重心が偏った状態で歩く方、急ぎ足の方。

そろそろ、歩き方を見直しませんか？

健やかに楽に歩くための「基本条件」があります。体の声を聴きながら次のことに気をつけてみてください。

① 肩の力を抜き、腕は楽に振る
② 自分に合った歩幅
③ 背筋を無理なく伸ばす
④ 膝を無理なく上げる
⑤ つま先で軽く蹴り上げる感じ

いずれも「骨盤」を意識してください。腰を立てて歩きます（立腰《りつよう》）。これができれば、体にとって自然で負荷のない歩行になります。

そのためにも、次の行為を今すぐやめましょう。

① 荷物はいつも決まった手（右手、左手）で持つ

②荷物はいつも決まった肩（右肩、左肩）にかける
③座っているときに足を組む
④食事のときに決まった側（右側、左側）で嚙《か》む

これらは骨格の歪《ゆが》み、とくに骨盤の歪みにつながります。骨盤が歪むと内臓の不調が始まります。また、食べ方で偏重する（どちらか一方で嚙む）と、顔の骨格や顔筋バランスが崩れ、ひいては歩行に障害が出ます。

要は「左右対称」という視点を大切にすること。

体はすべての部位がつながっています。だから部分ではなく、全体が調和しているかどうかでチェックしてください。

体の「左右対称」を意識して、
歩き方を変える。

声を出すという運動もある

体を動かすという意味で言えば「喉を鍛える」ことも重要です。

つまり、声を出すこと。

声を出す、喉を動かすというのも、運動なのです。

食べ物が食道ではなく気道に入り込むことで生じる誤嚥《ごえん》性肺炎が、何かと話題になっていますが、この症状は昔から医療関係者の間で言われてきたことです。

誤嚥性肺炎は、噛む力、流し込む力が、総合的に弱くなると起こりやすくなります。高齢者で目立つのは、そういう理由です。

食事は運動です。しかも、結構な運動エネルギーを消費します。

噛む力や流し込む力が落ちているということは、口や喉の筋力が低下しているということ。だからそれまで以上に、食事に集中してください。今、自分が何を食べているのかをしっかり意識することです。

誤嚥を防止するには、よく噛み、ごくりと飲み込む。この二つの力を鍛えるしかありません。唾《つば》を飲み込むといった行為でも、喉を動かすことになります。

声を出すことの効能としては、喉を鍛える以外にストレスの発散があります。中高年に適度なカラオケが推奨されるのは、このためです。

ちゃんと声を出していると、普段の呼吸も整います。そして声は、できるだけリラックスした状態で出しましょう。

怒鳴り散らすような大声、ボショボショと聞き取れないような小声では、喉の筋力を上げることができません。あるいは、お芝居や朗読などのように、人前で話すような活動は、やり過ぎなければ効果があります。

気の置けない仲間との雑談もリラックスして行なうことで、楽しいだけでなく喉が鍛えられます。しかしこれも長時間にわたると喉を痛めます。

一人での食事が多いという方は、ときどきで結構ですので誰かと食事する機会を作ると楽しいでしょう。

行きつけのお店を作る手もあります。お店で会う仲間や従業員とのコミュニケーションも、喉を鍛えることでは有益です。

飲み込む力、噛む力が弱くなったと感じる方は、これらの方法を積極的に採用してください。

口の機能が落ちると健康に影響が出ます。

カラオケ、おしゃべり、
しっかり飲み込む。
運動にもストレス解消にもなる。

第四章

病は闘うものではなく、暮らしを変えるきっかけ。

薬に頼り過ぎると免疫力が弱くなる

病（病気）には、それぞれ意味があります。

すべての病気は普段の生活の中で生まれるもの。

したがって発病は、それまでの生活を見直す絶好のチャンスです。

だからと言って、毎度毎度、病院三昧《ざんまい》というのも困ります。

たまに「とにかくすぐに病院ですよね？」と尋ねられますが、急を要する状況とか、明らかに具合が悪そうな場合を除いて、例えば寝ていれば治るレベルのちょっとした発熱で病院に駆け込むのはどうでしょうか。

まず、体から出ている声を聴いてください。

病院（例えば内科）では問診をし、必要なら処方箋を書きます。でも薬を飲んだからと言って、薬が治すわけではありません。薬を全面否定するものではありませんが、薬は人体の免疫システムがウィルスを殺菌、排出するまでの時間稼ぎです（例えばがん疼痛《とうつう》の投薬などに関してはここには含みません）。

発熱などの症状は人体にとって必要だから生じているのであり、一時的な処方ならまだしも、常に薬を服用していると、その人が持っている免疫力はどんどん弱まっていきます。

言うまでもありませんが、病の大半は心身のストレスで生じます（遺伝性のものや感染症を除く）。**発病が生活を見直すチャンスというのは、そういうことです。**

自分をよく知ること。自分をよく見つめること。自分を大事にすること。心の底から体に感謝すること。

自分を知るということは「閾値《いきち》を知る」ということ。閾値は、限界値、境界値、と解釈してください。自分の限界、できる、できない、そんな境界を、普段から知っておく。すると無理しなくなるのでストレスも溜まりません。

調子が悪いと感じたら、
まずは体の声を聴く。

頭や体幹の奥から来る痛みに気をつける

痛みは、私たちの体に異常が起きていることを知らせる重要な兆候です。この傷みは、急性痛と慢性痛に大別されます。

急性痛は、さまざまな原因で起こりますが、早急に対応が必要な痛みについて知っておいてください。

頭や体幹《たいかん》の痛みで、深奥部からの痛み、突発的な痛み、強い痛み、この三つのうち、どれかに該当していたらすぐに病院へ行くこと。このような痛みが頭にある場合脳卒中の疑いがあります。

体幹であれば、心臓、肺の血管（肺動脈）、大動脈、このうちのどれかが異常をきたしていると想像できます。

これまで体験したことのないような頭部の痛みを感じた場合は、クモ膜下出血、脳出血、脳梗塞《こうそく》、などの状況が想定されます。

こうした急性期と呼ばれる症状は、薬や外科手術を中心とする西洋医学による初期対応が望まれます。だからすぐに病院へ行ってください。


逆に、慢性的な痛みは薬や手術では限界があります。

なぜなら長い時間をかけて積み重なった原因があるからです。その原因を、時間をかけて取り除く必要があります。

運動器の老化による痛みが代表的です。

首、肩、肘、腰、膝など、関節の痛みのような老化現象は加齢で増します。

先述した体操も効果的ですが、体を内側から温める、脂肪を落として筋力を増すといったこともスマートエイジングにつながります。

そこに加えて、中医《ちゅうい》やアーユルヴェーダなど東洋医学の効果が期待できます。

鍼灸《しんきゅう》、カイロプラクティック、レイキ、漢方なども、症状による使い分けはありますが、痛みの緩和に役立つでしょう。

進行したがんの痛みに対する緩和もあります。いわゆる、がん疼痛への対応ですが、こちらは緩和医療（緩和ケア）がお役に立ちます。中身は担当医との相談です。

緩和ケアではステロイド薬を使うこともあります。普段は使わないに越したことはありませんが、ステロイド薬は医療用麻薬で対応できない痛みを和らげるという点で有効性が確認されています。

その痛みをどう和らげるか？

そのために組み合わせを考える、ここが大事です。

痛みによって
適切な対処法は変わる。

体のあら探しはしない

「健康が一番」

確かに健康であるのは誰の希望でもありますが、健康でなければならないという感情が強くなると、自分や家族の体のあら探しを始め、勝手に優劣をつけてしまう傾向が強くなるのも事実。

これが「正常という病」です。

そこには医療サイドの功罪《こうざい》もあります。

医師は「ここからここまでが正常、これを外れると異常」という基準を作り、国民の健康を管理してきました。

おかげで健康意識が高まったという貢献はあるのですが、正常値からちょっとでも外れることを過度に恐れる人が増えました。健診（健康診断）での基準値が個人を判断するすべてになってしまったのです。**正常値から少し外れたからと言って、すぐに影響が出るわけではありません。**

皆さんがよく耳にするコレステロールについても、正しく認識することが大事です。コレステロールって絶対悪でしょうか？　とんでもありません。

コレステロールは、ホルモンの親玉と呼ばれるＤＨＥＡ（デヒドロエピアンドロステロン、副腎《ふくじん》皮質《ひしつ》系ホルモン）などを産生する主な原料です。

ＤＨＥＡは若返りに貢献するホルモンです。ＤＨＥＡから五〇種類以上のホルモンが産生されます。ＤＨＥＡは、筋肉・ミネラル・血管のバランスを、維持・コントロールします。

そんな重要なホルモンを生み出すのがコレステロールです。コレステロールは肝臓で作られます。血中ではリポタンパク質という運び役と結びついています。コレステロールを主に運んでいるリポタンパク質には比重の低いＬＤＬと比重の高いＨ

ＤＬの二種類があります。ＬＤＬに運ばれるコレステロールをＬＤＬコレステロール、ＨＤＬに運ばれるコレステロールをＨＤＬコレステロールと呼びます。

作られたコレステロールを全身に運ぶ役割をするのがＬＤＬですが、このＬＤＬと結びついたコレステロールが余ってしまい、動脈の内側に蓄積すると動脈硬化などの原因になるので「悪玉」と呼ばれます。

一方、余ったコレステロールと結びついて血管から回収する（血管を掃除する）のがＨＤＬで、動脈硬化を防止するので「善玉」と呼ばれます。

コレステロールはどちらが欠けてもダメなのです。最近はＬＨ比（ＬＤＬコレステロール値÷ＨＤＬコレステロール値）が重視されます。

ＨＤＬが高ければ、ＬＤＬが多少高くてもコレステロールが悪さをすることはありません。善玉と呼ばれるＨＤＬコレステロールを増やすには、ジョギングやウォーキングなど、適度な有酸素運動がお勧めです。

「正常という病」に
取り憑かれない。

「良い数値」は人によって違う

健康診断などで、いわゆる〝正常値〟から外れているからダメだと落ち込む必要はまったくありません。

笑い話のようですが、自宅で血圧を測ると正常値なのに、病院で測ると高血圧になる、不整脈が出る、そんな方もいます。医師の白衣で緊張するのです。

ほんの少しの環境変化で、人体の数値はコロコロと変化します。**日常で変化するものを、ある一時点だけで評価することに無理があります。**

この血圧ですが、実は正常値の解釈がバラバラです。これという正解がいまだにありません。基準としては、AHA（米国心臓協会）やACC（米国心臓病学会）のガイドラインがありますが、それがパーフェクトではないことを世界の多くの医師は知っています。

言い方が乱暴になりますが、学会としての建前《たてまえ》と、個々に現場を持っている医師の間に、考え方（対策）の乖離《かいり》があるのです。

高血圧に対しても、低血圧に対しても、医療者からは一家言《いっかげん》あります。

血圧が高い人には「動脈硬化、心筋梗塞、脳梗塞の危険性がありますよ」と警告します。血圧が低い人には「血流不足による筋力の低下、動悸《どうき》、冷えやむくみが起きますよ」と警告します。**しかし個人の体質（どうある状況がその人にとってベストか）によって血圧の意義は異なります。**

正常値から見れば高血圧だと診断されるような方の中には、ある程度、血圧が高めのほうが調子がいいという方が少なからずいます。逆に低血圧のほうが生活しやすいという方もいます。

内外の医療者が作成した基準を無視していいと言っているわけではありません。基準は基準としても「その人にとって良い血圧」の定義は、意外と個人の体質ごとに違うのではないかということです。

人間の営みというのは、常にダイナミック（動的）です。

スタティック、つまり静的ではありません。

だからこそ、ある一定の数値に固執して重箱《じゅうばこ》の隅をつつくような議論はしなくて良いのではと思います。妥当性の判断は単純ではありません。

血圧が高いか低いかは別にして、

「トイレを我慢しないこと、冬場のお風呂は脱衣所を暖かくすること」

この二つは、できれば実践してください。

冬場に脱衣所が寒いと血圧が急上昇します。排尿を我慢し続けると血圧は上がり、排尿した途端、急に血圧が下がり、ひどい場合は失神します（排尿失神）。

急上昇や急降下は、なるべく避けたいところです。

自分にとって適切な状態が
わかればいい。

がんは「気づきを与える病」と言う人もいる

がんについて、むやみに怖がらなくて良いと思います。

今や国民病などと揶揄されるがんですが、毎年八六万人の日本人が何らかのがんになり、亡くなる人の三分の一は、がんが原因です（国立がん研究センターHP「がん登録・統計」二〇一七年六月十四日更新）。医療名は、悪性新生物、上皮内《じょうひない》新生物、などと呼ばれます。

がんは、どこか外からやって来て体内に住み着く微生物のような存在ではなく、私たちの体の細胞が変異したもの。さまざまな要因で生じます。

この変異（つまりがん化）ですが、実は毎日のように私たちの体内で大量に発生し、毎日のように大量に消滅しています。

だから「がんになった」という表現は、そもそも奇妙なのです。細胞のがん化は誰もが毎日のように経験しているわけですから。

その発生と消滅が、臨界点《りんかい》に達すると、がんは育ちます。次のステージ（拡大）へと進むわけです。

がん細胞は正常細胞に似ており、発見が難しいものです。スポット、つまり一度きりの検査の場合、偽陽性《ぎようせい》（生検《せいけん》において陰性を陽性と判断してしまう）や、偽陰性《ぎいんせい》（その逆）が生じかねません。

でもがんには、ほかの疾患と違った「利点」があります。

がんになったからといって、すぐに死ぬわけではないという点です。

そこが心臓病（心筋梗塞や心不全）や脳卒中など短時間で亡くなるケースの多い疾患と違います。急に亡くなると何の準備もできません。

がんが生じたから死ぬわけではなく、時間をかけてがん細胞が各部位へと転移し、増殖することによって内臓の各器官での機能低下が生じ、結果として寿命をまっとうすることになります。

「気づきを与える病」

と言った人もいます。

がんになって初めて、人生とは何かを考え始めた、生きるとはどういうことかを理解した、そう話す人も意外と少なくありません。

がんになっても普通に生活する人、仕事をする人は、もちろん大勢います。医療面でのフォローも年々、レベルが上がっています。

あなたはがんですと医師に宣告されてから他界するまで、例えば半年という方もいれば、三〇年という方もいます。バラバラです。それぞれに時間が用意されているからこそ、治療法だって各々で違うのです。

「この世界での残り時間は、まだありますよ」

私はがんを、そんなメッセンジャーとして見ています。

がんは「この世の残り時間」を
教えてくれるものと考える。

自律神経のバランスが良いと免疫力が上がる

自律神経についても簡単に説明します。

昼間に優位《ゆうい》となる交感神経、夜間に優位となる副交感神経、この二つが自律神経を構成します。**自律神経が働くことで、私たちは生きていられます。**

呼吸、循環、消化、免疫、代謝、排泄など、人体に不可欠な各システムがきちんと稼働し、ホメオスタシス（恒常性、つまり一定に保つこと）を実現するための司令塔、それが自律神経です。

二つの神経の違いは、

「活動モードかリラックスモードかの違い」

ということです。

活動モードのときには交感神経が活発になります。

私たちは昼間、さまざまに活動していますが、活動すればするほど、人体は緊張度を高め、それに伴って心拍数が増えたり血管が収縮したりします。

さらに、体内でエネルギー燃焼が盛んになると活性酸素が大量に発生しますが、それによって細胞が傷つきます。

一方、リラックスモードのときには、副交感神経が活発になります。

夜間になるとぐったりとするのは交感神経が優位だった昼間の反動です。緊張度が下がり、昼間に収縮して血流が悪くなっていた血管が拡張されます。

エネルギーの消費量は相対的に減り、逆に消化器官の活動が活発化します。傷ついた大量の細胞の修復（メンテナンス）については、若返りホルモンの代表格とも言われる成長ホルモンが担《にな》います。


自律神経をコントロールするにはこうした違いを把握しながら、

・食事（食べ過ぎ、早食い、偏食などをやめる）
・生活習慣（リラックス時間を増やす、睡眠をちゃんととる、体を適度に動かす）
・五感（視覚、嗅覚、聴覚、味覚、触覚を研《と》ぎ澄《す》ます）

以上の三点に、ちょっとした気遣いをすることが大事です。
人体は複雑です。偏ると健康的な生活はできません。
自律神経のバランスが良いと免疫力が上がります。
そのためにも、この三点にくれぐれもご留意ください。

食事、運動、休息、
自分を大切にする暮らしが
健康を作る。

医学に対して、否定も依存もしない

西洋医学と東洋医学は、どちらが体にとって有益なのか、学問的に優れているのか、私たちにとって必要なのか――、そんな議論があります。

西洋医学は世界の医学界の王道とされ、急性期医療で力を発揮します。怪我《けが》、感染症、心疾患、脳卒中など、応急処置が必須な状況で効力があります。このような状況にはこの治療や薬が効くという初期対応で優れており、理由は結果の後づけとなります。

東洋医学は最近、慢性期医療で注目され始めています。

中医、アーユルヴェーダなど、伝統医学に代表される東洋医学は、人間を部位で看《み》ず、全体で看ます。医食同源（食が病を予防する）という軸を持ち、病《や》んだ箇所は切り張りして侵襲《しんしゅう》する（生体そのものを傷つける）のではなく、時間をかけて体質改善するという包み込みの思想があります。

私自身は長年、西洋医学を中心とした医療現場に籍を置いていましたが、西洋医学、西洋医療の思想には「体への感謝」の大切さという観点が欠けているという思いが、今も拭《ぬぐ》えません。医師研修の現場でも体への感謝が教えられることは皆無です。

闘病という言葉にも違和感があります。**なぜ自分の体と闘うのでしょうか？　気遣う、生活習慣を見直すことで「体を労《いたわ》る」のならわかります。**こうした西洋医学による善悪論を軸とした思想に違和感があります。

では東洋医学を全面的に頼れるか？　実はそこにも大きな問題があります。施術《せじゅつ》者で力量にかなりの幅があると思います。経験則がまちまちですから西洋医学よりも格差があるでしょう。とくに鍼灸などの分野では見立ての時点で結構な違いがあります（経験のある方もいらっしゃるでしょう）。

ただし西洋医学と違い、東洋医学は人体を総合的に判断する姿勢ですから、看るべき情報量は膨大になります。したがって、本人にとっても体を全体で考えるための気づきの機会になります。

一番良いのは、西洋医学と東洋医学の両方をとり入れること。**現実的なプロセスとしては、西洋医学で診断（初期治療）してもらい、東洋医学でサポートしてもらう、という方法です。**

西洋医学と東洋医学、どっちが有益か、どっちが必要かという問いの答えとしては、どちらか一方に依存せず、どちらも試してみる、となります。否定せず、依存せず。良いと感じるものを模索する。この姿勢です。

西洋医学は急性期の治療に、
東洋医学は長期的な体質改善に
役立つ。

第五章

安心して
ひとりで死ぬための
努力と準備を始める。

死を心配する人へ

著書や講演会でことあるごとに触れてきましたが、私は「あの世」の存在を認知しています。私たちのいる世界とは別の世界（次元）です。

簡潔に言えば、私たちはそこから意図（魂の計画）を持ってやって来て、肉体の限界（肉体死）を迎えたら、故郷、つまりその世界に帰還します。これを何度も繰り返すことを、一般に輪廻《りんね》とか輪廻転生《てんせい》と呼んでいます。

この手の情報は、受け取る準備、つまり「あの世という別の次元がファンタジーではなく本当に存在することを理解している人」には良いですが、そうではない人にとっては、受け入れ難いように思われます。

よってある時期から、私はこの手の情報について触れる頻度を減らしました。

当初、観測気球として著書でたびたび触れましたが、その反応をチェックし、まだちょっと早いのかなと実感したからです。

しかしここ数年、マスメディアで活躍するような著名人の中に、そうした見えない世界に関する情報に堂々と触れる人が増えたように思います。

世の中は確実に変化し始めています。そんな背景もあり、本章の冒頭でちょっと濃い話に触れることにしました。

あの世が存在する事実を理解できれば、実は「死ぬことに対する恐怖」を含めたこの世の問題、人生の多大なストレスが、ほぼ解決できます。

肉体は死にますが、魂は死にません。魂というのは私たちの根源的なエネルギー体であり、魂こそ、あの世とこの世を行ったり来たりする本体です。肉体は三次元のこの世で活動するための乗り物です。

それが理解できれば、そもそも死を心配する必要がないことを、ほんの少しでも実感できるのではないでしょうか。

肉体の死に執着しない。
魂が本体で肉体は乗り物。

孤独死は悲しい最期ではない

だから、誰もが安心して死ぬことができます。

安心して胸を張り、あちらの世界、私たちの故郷に帰りましょう。何かと話題になる孤独死も、全然怖くないし、まったく問題ありません。

孤独死という言い方自体違和感がありますが、そもそもなぜ私たちが死ぬことを恐れるかと言うと、まずあの世の事実を生まれてくるときに忘れてしまっている現状があるからです。さらに、例えば一人でいることに対して「一人でいるのは悲しい人、一人でいるのはダメな人」というお粗末《そまつ》な洗脳を受けているからです。誤解を恐れず言えば、孤独がダメという発想は、メディアによる刷り込みだと思います。

孤独死、つまり独居で亡くなることが、最も悲しい最期であり、最も惨《みじ》めな最期であるという誤った刷り込みは、そこから生まれています。

もちろん、誰かといるのが好きなのに一人でいることを強制されるのは寂しいことですが、その逆に、一人でいるのが好きなのに集団でいることを強制されるのも苦しいことです。

どちらにも自由意思が存在しません。

自由意思がないと、人は置かれた状況にストレスを感じます。自由意思が認められた状態なら、どんな場所でも快適に感じます。

つまり、自由意思を持って、世間や周囲が何と言おうと自分で心地良いほうを選択していけばいいのです。そしてどのように死のうと魂が肉体を脱ぐという意味では同じことです。そういった意味ではさまざまな生き方はありますが、死に方は一つです。この世からあの世への移動です。

一人で死ぬことの何が悲しいのか。
孤独は悪いと決めつけない。

独居を心から楽しむ

人口は減っていますが、六五歳以上の単独世帯数（いわゆる独居数）は急増しており、この状況は今後も長く続くと言われています。**だからと言って独居の高齢者が惨めで悲しい思いをしていると考える必要はありません。**一人暮らしを満喫する人が私の周囲に数え切れないほどいます。

出生数も結婚する人も減るので、むしろ今から独居を楽しむ準備に入るほうが賢明ではないでしょうか。私も独居を心から楽しんでいる一人です。

先ほど安心して死にましょうと言いましたが、死という現象を大別すると二つしかありません。急に死ぬ（急性期）、じわじわ死ぬ（慢性期）、この二つです。

ほどほどに暮らしていたけれど、ある日の朝、起きてこなかった、事《こと》切れていたというのが理想ですと、大勢の方から聞きます。急死したように見えるけれども、日々、肉体がじわじわ衰弱した末の他界ですから、これは老衰と言えるでしょう。ただし、一人で暮らしていると発見が遅くなります。

いやいや、死んだら関係ない、この世とお別れだから、そういうことは残った人がやればいい、知ったことではない――、これは確かに正論です。

「でもやっぱり、それはちょっと嫌だ、急に死んだらしかたないけれども、そうではないなら、なるべく迷惑をかけたくない」

そう考える人も多いのではないでしょうか。

ロボットやＡＩ（人工知能）など多様なテクノロジーが開発されているので、今後はそれらを生かした「見守り」や「看《み》取り」の仕組みが役立ちます。セキュリティ会社が独居老人を見守るシステムは始まっており、遠隔地にいる人が身内の行動を確認できるアプリも普及しています。

独居で死ぬ準備は
元気なうちにしておく。

安心して一人で死ぬための支援はたくさんある

テクノロジー以外で私たちが独居を楽しむためには、ちょっと話せる、ちょっと会える、気の置けない相手が必要です。

家族がいなくても、ちょっと話せる友人とか、地域の知人がいれば、気晴らしになります。LINEやフェイスブックを始める高齢者も増えていますが、SNSも相互見守りという点で有効です。

何かあったら診《み》てくれる医師（かかりつけ医）も、いないよりいたほうが良いでしょう。

いくら「死んだらすべて終わり」と言っても、死ぬまでの間、意外と長いその期間（個人差がありますが）を、いかに満足度高く、健やかに生活できるかは、相談できる医師がいるかどうかにもよります。

かかりつけ医の良い点は、たとえ臨終《りんじゅう》に立ち会っていなくても死亡診断書を書いてくれる点です。以前は「受診後二四時間以内なら診断書を出せる」という規定でしたが、現在はその解釈が広がり「生前診療していた病気による死亡であることが確実」と判断された場合、担当医の裁量で死亡診断書を書けます。

死亡診断書がないと警察へ異状《いじょう》死体（死因不明）の届け出が必要です。

さて、死が与える結果には、三つあります。

・生物的な死（医学的な死）
・社会的な死
・法律的な死

肉体が滅び、戸籍上で死亡認定されるのは問題ないのですが、社会的な死（死亡診断書の話はここに入ります）という部分、つまり手続きが、意外と面倒くさいのです。しかたありません。そういう仕組みまで含めて社会です。

自治体も終活を支援しています。

神奈川県の横須賀市は、「わたしの終活登録（正式名称、終活情報登録伝達事業）」という制度を、同市民向けに二〇一八年五月からスタートしました。

登録カードには、さまざまな希望を記入できます。

かかりつけ医の連絡先、アレルギーの有無、延命治療を希望するかどうか、お墓の場所、リビングウィルや遺言書をしまってある場所（あるいは預けてある場所）、葬儀スタイルの希望、遺品整理の生前予約などを、自治体に事前登録しておく仕組みです。

費用は無料で、親族や成年後見人が代理人としても登録できます。

無縁仏を減らす効果が見込めますが、独居が増える今後を見据えると、まずは安心して独居できる環境への行政支援と言えそうです。

同県大和市も終活支援に乗り出しています。

こうした一部の自治体だけでなく、この仕組みが全国の自治体に採用されれば孤独死のイメージが変わること請け合いです。

準備さえすれば、
誰だって安心して死を迎えられる。

「平穏死」を目指す

安楽死という言葉も、最近たまにメディアに登場していますが、批判を承知で言わせていただくと、私の見解は次の通りです。

「死を他人に頼むな」

安楽死したいと公言する人もいますが、心得違いしないようにしたいものです。死は、その人の寿命であり、寿命は肉体活動の停止です。あくまでもその人の魂が決めることですから、利己的な視点で「好きなときに誰かに頼んで死なせてもらう権利」でもなければ「いつでも勝手に死んでいい権利」でもありません。

先述しましたが、私たちは魂の計画を持ってこの世に降りました。

なぜ生まれてきたかと言えば、この世界で多様な経験をするためであり、その経験をもって魂を向上させるためです。

この世で活動するために乗り物として肉体をお借りしているのでなるべく傷つけることなく、魂があちらの世界に戻るときにお返しする。これがルールです。


余計な医療を受けず、自然に任せて死ぬことを「平穏死」と呼びます。


延命治療はとくにしません。代わりに緩和ケアが行なわれます。

平穏に、静かに、この世を去る。事故や事件に遭《あ》わないという前提で、老衰や治療の終末期に際して余計（余分）なことをせず、自然にそのときが来るのを待ち、人生を終える。

これでお借りしていた肉体を、ちゃんとお返しすることができます。

大半の人は死ぬ少し前から食事を受け付けなくなりますが、これが他界のサイン。慢性期病院で見てきました。この世界はもういい、ってことです。食欲があるうちは、まだこの世界にいたいというサインです。

平穏に、静かにこの世を去る。
肉体は傷つけずにお返しする。

お墓を手放すという提案

それでもやはり自分の死が、家族や親族、友人、パートナーに、つまり身近な誰かに迷惑をかけてしまうのではと悩む人は多いでしょう。

その最たるものは、お葬式ではなく「お墓」です。

お墓を守って欲しい、預かって欲しいと言われると、嬉しい人もいると思いますが、逆に困惑する人もいるわけです。

自分の家の宗教（宗派）をよく知らない人もいれば、知っているけれどもとくに親しみがない人もいます。守ることが義務のように言われ続けると、親子の縁がばっさり切れることもあります。

そのあたりについては、公正証書として遺言書や、リビングウィル（生前の意思を示す書面）を、残すこともできます。

相続人には相続放棄という権利があります。それを踏まえた上で、お墓について親子で元気なうちに話し合っておくのが最適です。

墓終《じま》い（お墓を閉じて別の場所に引っ越すこと）も一つの方法です。そこでの引っ越し先は、共同霊園、樹木葬（樹林葬）、散骨など、さまざまです。

樹木葬が自治体から発案されるなど、埋葬方式も随分と変化しています。昔はどこか下に見られていた共同霊園も人気が高まっているそうです。どれも「迷惑をかけたくない」気持ちの表れでしょう。

献体希望者も増えています。

私もある大学に同意書を提出、登録済みです。

献体は、医学と歯学の普及・進歩のために、大学の研究機関の解剖学教室に遺体を提供する行為です。

献体をする場合は、次の三つの方法から選択します。

①通夜・葬儀・告別式を終えてから大学へ遺体が持ち込まれる
②通夜を終えたら大学に遺体が持ち込まれる
③病院や自宅や施設などから通夜・葬儀をせずに大学へ直送される

どれにするかは受け入れ先の大学と事前の話し合いが必要です。ちなみに遺体の移送費や火葬費は大学が出してくれます（※詳細は要確認）。

遺骨についても、引き取り手がいない場合や、家にお墓がない場合、あるいは引き取り手はいても預け入れを希望する場合には、合同葬儀のあと、大学の敷地内にある納骨堂に入れ、定期的に供養してくれます。

ネットで公式情報を調べてみてはいかがでしょうか。

献体という、
死んだあとにお役に立つ方法もある。

ピンピンコロリには努力が必要

死に方に理想を言ってもしょうがないかもしれません。

あえて言えば、快適なのはピンピンコロリです。**昨日まで元気だったのに今日の朝には死んでいた。これが個人的には理想です。**

そのためにも残った人が困らないよう、先ほどから述べているように、普段のコミュニケーションとか、事後に必要な手続きを、ぬかりなくやる。そこができれば、いつ死んでも大丈夫。安心して死にましょう。ポジティブな気持ちで日々を過ごせます。

ただ、これはあくまでも結果ですので、あまり意識する必要はありません。あくまでも両親を通じてお借りした体に感謝の気持ちを持ち、体の声を聴き、体を労わる、という気持ちで日々を過ごせば良いだけです。

このような気持ちを持ち続けていれば、大切な体をわざと傷めるようなことはできなくなるのではないでしょうか。

強い嗜癖性のある、薬物摂取、喫煙、あるいは程度を超えた飲酒などは自分の心身を蝕《むしば》み、周りへも悪影響を及ぼすのは今さら言うまでもありません。

ピンピンコロリするには、適度な食事、適度な運動、適度な休息、です。

それに加えて重要なのは、心身一如《いちにょ》、身土不二《しんどふに》、という考え方。

いずれも「切り離せないもの」という意味が含まれています。心と体は切り離せない、体と土（大地）も切り離せない、ということです。体を大事にするには、まず心を変えることが先決です。

ちょっと大きなことを言いますが、理想は「介護ゼロ社会」です。

介護される人が減ると情勢も変わります。ピンピンコロリも増えます。

まさに安心して死ねる社会です。

適度な食事、運動、休息。
ピンピンコロリを目指して、
体と心を大切にする。

未来のお金の心配は取り越し苦労

週刊誌などで「○歳までに○千万が必要」とか「○歳以降は年間○百万ないと生活できない」などと、お金と年齢をつなげる企画が氾濫《はんらん》していますから、そっちに意識を引っ張られてしまうのもしかたありません。**この「いくら必要（○千万必要）」という喧伝《けんでん》に、くれぐれも気を取られないように。**

想像してください。一〇年後、二〇年後に、物価はどうなっていますか？　予言は誰にもできませんが、少なくとも今と同じではないはず。花形の業種は未来も花形ですか？　人気の場所は未来も人気？　みんな変わっているでしょう。

つまり「いくら必要」という情報ほど、当てにならないものはないのです。

未来はある日、どこからともなくやって来るわけではありません。未来は「今の連続」です。今、今、今、これがミルフィーユのように積み重なっているだけ。私が資産運用や貯蓄に励まないのはその点にあります。

わざわざ運用や貯蓄などしなくても、入ってきたお金の中から最低限を使えば、当然それ以外は余るのですから、ちょっと入り用のときも事足ります。

今を全力で生き、今を大切にする。**未来はお釣り程度に考える。**現在が主で、未来はおまけ。そんなイメージです。

あと、普段から月ベースと年ベースで「自分の収支（お金の入りと出）」を把握しておくと良いと思います。

漠然と不安な未来に備えるためではありません。

収支を把握すれば、余計なことに使う頻度、散財する機会が減ります。

私は資産運用や貯蓄に励まないと述べましたが、物もあまり買いません。完全に壊れたら別ですが、ギリギリ使えそうなら買い換えません。高校生の頃、母に買ってもらったワイシャツは今も現役です。

そう言うと変なイメージを持たれるかもしれませんが、お金は楽しんで使っています。

地方に出張する機会が以前にも増して多いのですが、タクシーに乗るときには乗車料金より多めに渡すようにします。

自分ができる地方活性化のささやかな一助です。何度も同じ土地に行くと、そのうち顔見知りの運転手ができますので、ちょっとサービスが良くなったりします。

各地の神社にも参拝しますが、寄付は欠かさないようにしています。

神社も修繕費がかかります。土地神様をお祀《まつ》りする場所が廃《すた》れては困ります。どうしても行けないときは神社の口座に送金します。

お金は天下の回りもの、そして天下で回すもの。その原則は忘れておりません。

必要以上に貯めず、
天下で回す。

一〇年後も、明日も、生きている保証はない

「人生に定年はないと知り、好きなことをしながらも、ある程度の準備をしておけば、一人で暮らすことも一人で死ぬことも、心配いらない」

勝手ながらそう展開してきましたが、ご理解のほどいかがでしょうか？

それでも「一〇年後が心配」あるいは「二〇年後はもっと心配」と、将来への不安をたびたび口にする人は、大勢いらっしゃるでしょう。

そもそも一〇年後、生きている保証はあるでしょうか？

私は自分に対して、そんな保証など少しもありません。明日の朝、他界する可能性もあるのです。

人生一〇〇年時代などと言われています。

医療技術の発展や社会保障が拡充したおかげで平均的な寿命は延びましたが、それはあくまでも統計上の話。

自分がその数字と並ぶ、あるいは追い抜くような年齢まで生きられるのかどうかと問われると、生きていたいという希望は口にできても、間違いなく生きているという絶対的な保証は誰にもできません。

私が「今を楽しみましょう」と何度も口にするのは、先がどうなるかわからないからです。

今まで元気だったのに救急外来に担ぎ込まれ、あっという間に亡くなる人を大勢見ました。未来は不確実性に満ちているのです。

もちろん、将来のビジョンを持つのは楽しいことです。

自分はこうしたい、こうなっていたい、夢やビジョンは明確に持つことで実現度が増します。生きる上での活力です。

でも、活力になるのは夢や目標であり、不安や心配ではありません。

こうなったらどうしよう、こうなりたくない、そんな不安や心配を持つ必要はないし、そんな心配をする余裕があるなら、今を楽しむこと。

人間は想定外のタイミングで死んだりします。だからこそ今を楽しむこと。

将来の不安は、今の活力にならない。
今を楽しむ。

自分の寿命を受け入れ、人生に感謝する

長生きすることが、まるで美徳のようにメディアは取り上げますが、長生きは単なる結果であり、人生の目的ではありません。

私たちは生きる時間の長さを競うために生まれたわけではありません。

寿命や余命は人それぞれであり、比較してもしかたないのです。

最も大切なのは、生きた年月（時間）ではなく、いかに生きたかということ。その人が、何を体験し、何を学んだのか。そこに尽きます。

地位、名誉・名声、資産、学歴、それらは私たちの故郷に持って帰れません。**すべてこの世の夢、浮世《うきよ》の露。故郷に持参できるのは自らが得た学びだけです。**

だから、できるだけ執着を持たないようにしたいものです。

執着は、私たちの最大の障害であり大きな学びであり、いかに捨てるかを試される貴重な機会です。

たまに「生への執着」という言葉でも表現されます。

医学の進歩・発達で、多くの人が助かっているのは事実ですが、その反面、人が寿命を受け入れる気持ち（覚悟）がうすれました。

一般にサービスが向上すると、かえって客の満足度が下がることがあります。医療分野でも同様です。

医療サービスが年々向上すると、それまで助かる確率が低かった患者が助かるようになります。喜ぶ反面、それが続く（つまりどんどん向上する）と、徐々に「助かって当たり前」という空気が世間を支配します。

すると人間の中から、これまで生きてきた（生かされてきた）ことへの感謝が消えます。

医学、医療の発達を批判するわけではありません。

それらが進歩しても人はいつか必ず死ぬという事実を知って欲しいのです。

突然死ぬ人、事故で死ぬ人、病気で死ぬ人、死因はさまざまですが結局のところその人のもって生まれた寿命なのだと思います。


救急という現場にいれば否《いや》が応《おう》でも理解します。

救急では、運ばれてきた方の二割くらいそこそこの割合の方々を見送りました（心肺停止で搬送された方も含めて）。

そのためにも、普段から私たちは「いつ死んでもいい覚悟を持ち、そのための準備を怠らない」ようにすべきでしょう。


心配要りません。

人は全員、いつかちゃんと死ねます。

死なない人は一人もいません。

死に方に上下はありません。
怖くもありません。
笑顔で暮らし、好きなことをしながら、安心してあちらに帰りましょう。

人は事故や病気で死ぬのではなく
寿命で死ぬのです。

最期の日まで、
いい顔で生きるために……

- □ **自分の役割は、自分から求める**

  役割は他人や社会が決めてくれるものではない。

- □ **「あと何年」と逆算的に考えて生きない**

  明日生きているかもわからない。
  逆算してもその通りになる保証はない。

- □ **自分の暮らしの面倒は自分で見る**

  機械や他人に任せることに慣れない。自律する。

- □ **体を動かす習慣を日常生活にとり入れる**

  家事のついでに運動する、なるべく歩くなど、
  できる限り体を動かす。

- □ **体の声を聴き、無理はしない**

  病気になったら体が「休みたい」と言っている。

- □ **死ぬときは寿命に任せる。**
  生きている限り今を楽しむ

  寿命にあらがわず、生きることに執着しない。
  余計な心配をせずに、今を楽しむ。

“中今”を生きるために……

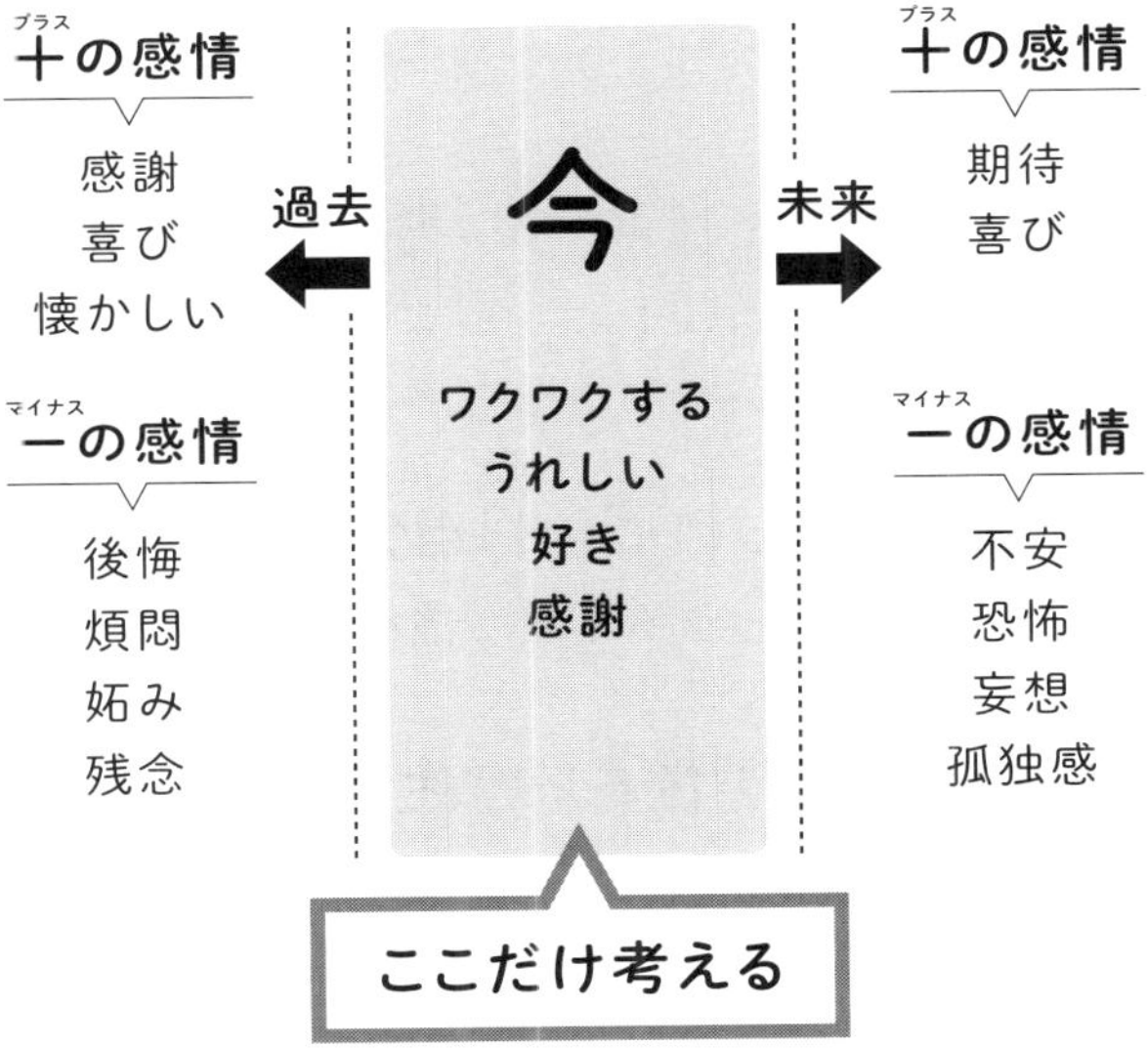

今に意識を集中させれば、
マイナスな感情に振り回されません。

【著者紹介】

矢作直樹（やはぎ・なおき）

1956年、神奈川県生まれ。81年、金沢大学医学部卒業。その後、麻酔科を皮切りに救急・集中治療、内科、手術部などを経験。99年、東京大学大学院新領域創成科学研究科環境学専攻および工学部精密機械工学科教授。2001年、東京大学大学院医学系研究科救急医学分野教授および医学部附属病院救急部・集中治療部部長となり、15年にわたり東大病院の総合救急診療体制の確立に尽力する。16年３月に任期満了退官。

著書に、『人は死なない』（バジリコ）、『天皇』（扶桑社）、『おかげさまで生きる』（幻冬舎）、『悩まない』（ダイヤモンド社）、『天皇の国譲位に想う』（青林堂）、『身軽に生きる』（海竜社）、『自分を休ませる練習』（文響社）などがある。

長生きにこだわらない

最後の日まで幸福に生きたいあなたへ

2019年3月7日　第3刷発行

著　　者　矢作直樹
装　　幀　長坂勇司（nagasaka design）
写　　真　鷹野晃
構　　成　せちひろし事務所
本文組版　株式会社キャップス
編　　集　野本有莉
発 行 者　山本周嗣
発 行 所　株式会社文響社
〒105-0001　東京都港区虎ノ門2丁目2－5
共同通信会館9F
ホームページ　http://bunkyosha.com
お問い合わせ　info@bunkyosha.com
印　　刷　日本ハイコム株式会社
製　　本　大口製本印刷株式会社

ISBN 978-4-86651-116-0

この本に関するご意見・ご感想をお寄せいただく場合は、郵送またはメール（info@bunkyosha.com）にてお送りください。

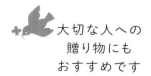